Q&Aでみる 企業承継対策と新相続税法

[監修]
大野正道
[編集]
税理士法人東京合同

財経詳報社

は　し　が　き

　中小企業基本法では、中小企業は、「多様な事業の分野において特色ある事業活動を行い、多様な就業の機会を提供し、個人がその能力を発揮しつつ事業を行う機会を提供することにより我が国の経済の基盤を形成しているものであ」るとし、国及び地方公共団体は、「中小企業に関する施策を総合的に推進し、もつて国民経済の健全な発展及び国民生活の向上を図る」とある。このように我が国の中小企業は、地域経済を担い、雇用を促進し、ひいては日本経済の活力の維持及び強化に果たすべき重要な役割を有している。

　ところが、2013年版50年目の中小企業白書では、「中小企業経営者が高齢化してきており、事業承継の円滑化は喫緊の課題となっている。そこで、非上場株式等の相続税、贈与税について納税猶予の特例を認める、「事業承継税制」について、適用要件等の見直しを通じ、制度の使い勝手の大幅な改善を図る。」として、以下のとおり事業承継税制は拡充することとなった。

		改正前		改正後
①	親族外承継の対象化	後継者は先代経営者の親族に限定。	→	親族外承継が対象化。
②	雇用要件の緩和	雇用の8割以上を「5年間毎年」維持。	→	雇用の8割以上を「5年間平均」で評価。
③	猶予打切りリスクの緩和	要件を満たせず納税猶予打切りの際は、納税猶予額に加え利子税の支払いが必要。	→	利子税率の引下げ（現行2.1%→0.9%）。承継5年超で、5年間の利子税を免除。
		相続・贈与から5年後以降は、後継者の死亡又は会社倒産等により納税免除。	→	民事再生、会社更生、中小企業再生支援協議会での事業再生の際には、納税猶予額を再計算し、一部免除。
④	役員退任要件の緩和	先代経営者は、贈与時に役員を退任。	→	贈与時の役員退任要件を代表者退任要件に（有給役員として残留可）。

i

⑤	納税猶予額の変更	猶予税額の計算で、先代経営者の個人債務・葬式費用を控除するため、猶予税額が少なく算出。	→	猶予税額の計算で、先代経営者の個人債務・葬式費用を控除しない。
⑥	事前確認制度の廃止	制度利用の前に、経済産業大臣の「認定」に加えて「事前確認」を受ける。	→	事前確認制度を廃止。

※原則として、2015年1月から施行、但し⑧は2013年4月に施行されている。

　事業承継の課題は、今日、中小企業の発展を支える緊急な課題である。

　事業承継の取り組みを考える上で、重要な事項として、長期にわたる後継者の選定と養成等が求められるが、それを税務の面で支える事業承継税制（相続税と贈与税の納税猶予）等の税務上の理解が必要である。

　本書では、以上の税務上の各規定の他、事業承継に関連する民法及び会社法の各規定についてもQ&A方式で解説した。

　本書を持って事業承継が全て事足りるということではないだろうが、本書が中小企業の継続発展に少しでも貢献できれば幸甚である。

平成26年2月

山田　和江

監修にあたって

　本書は、企業承継に関する法務と税務の標準的な実務書である。多くの実務書は、平成25年度税制改正が実現すると、待っていましたという具合ですかさず平成25年の春に刊行されてしまい、本書のように一年遅れて刊行される書籍は私の知る限り存在しないのでなかろうか。では何故今本書が私の監修で刊行される意味があるのであろうか。

　私は二点でこのような時期に本書が刊行される意義があると思う。

　第一に、租税特別措置法の条文のみで実務書を書き上げることは至難の業であることである。やはり夏以降に公表される政省令を参酌して筆をとるのが王道ではなかろうか。平成21年度税制改正における中小企業庁財務課の発遣した多くの「ガイドライン」の頻発は本来あってはならないことである。

　第二に、執筆者もよく理解できない段階における出版合戦は、租税法の世界ではよくありがちであることは、私もつくづく感ずることであるが、それゆえに税法は学問ではないという謗りを招くのであり、斯界のリーダーはもっと自戒すべきでなかろうか。

　したがって、平成27年1月1日に施行される新相続税法、とりわけ「相続税・贈与税の納税猶予」について実務書を刊行するにはこの時期が最も適しているとも言えよう。そこで、私を監修者（序論）、北沢弁護士（法務）、山田、柳田、大塚の3税理士（税務）の5名により完成したのが本実務書である。本書の執筆に取りかかる前に、私が監修者を務め、他の4名が編集者となっている第一法規（株）刊行の加除式出版書においても、その作業の過程で全体の統一、特に税務について行ったことをここに記しておく。

平成26年2月

大野　正道

目　次

序章　企業承継対策の意義

1　企業承継の重要性　2
2　中小企業の企業承継　3
3　企業承継における税制　5

第Ⅰ章　法　務

1　事業承継の法律問題　8
（1）　株式の相続性　8
（2）　企業の承継と望ましい相続形態　9
（3）　後継者の選定（企業承継の要点1）　10
（4）　譲歩相続人への配慮（企業承継の要点2）　11
（5）　特別受益の持戻し（企業承継の要点3）　12
（6）　法定相続における紛争発生の契機　13
（7）　株式の相続準共有　14
（8）　会社に対する権利行使　15
（9）　株式を対象とする遺言と譲渡制限　17
（10）　株式の遺贈　17
（11）　譲渡制限株式の遺贈と会社の承認　18
（12）　「相続させる」遺言　19
（13）　第三者による後継者の決定　20
（14）　定款を利用した企業承継　22
（15）　相続制限条項の類型　23
（16）　相続制限条項の効力　25
（17）　相続人に対する株式の売渡請求　29
（18）　相続人に対する株式の売渡請求権の法的性格　31
（19）　相続人に対する株式の売渡請求の手続　32
（20）　売買価格の決定　33

(21) 補償条項の法的効力　36
(22) 株式の消却　38
(23) 相続人に対する株式の売渡請求に関する実務上の問題点　40

2　相続の仕組み　43
（1）相続人　43
（2）相続分　45
（3）共同相続と遺産共有　48
（4）遺産の分割　48
（5）熟慮期間　49
（6）遺言の方式　50
（7）遺贈と「相続させる」遺言　51
（8）遺言の執行　54
（9）遺留分権利者と遺留分　55
（10）遺留分額の算定　56

3　法務・事例　58
（1）「相続させる」遺言の効力　58
（2）遺　贈　59
（3）遺言の撤回　61
（4）遺言の執行　63
（5）遺言による企業継承と遺言執行者の権限　65
（6）企業後継者への株式集中と遺留分減殺請求権　67
（7）株式を「相続させる」遺言と特定相続人の地位　70

第Ⅱ章　相続税・贈与税

1　相続税及び贈与税の概要　74
（1）相続税と贈与税　74
（2）贈与税の仕組み　77
（3）贈与税の配偶者控除・住宅取得等の贈与税の非課税　79
（4）相続税の仕組み　80
（5）相続税の非課税財産（死亡保険金及び死亡退職金の非課税限度額）　88

v

（6）　配偶者の税額の軽減　89

2　財産の評価　91
　（1）　財産評価基本通達に基づく財産の評価　91
　（2）　土地及び土地の上に存する権利の評価　92
　（3）　倍率方式による土地の評価　96
　（4）　路線価方式による宅地の評価　96
　（5）　取引相場のない株式の評価　99

3　小規模宅地等の評価減　111
　（1）　小規模宅地等についての相続税の課税価格の計算の特例制度　111
　（2）　特定事業用宅地等・特定同族会社事業用宅地等　113
　（3）　特定居住用宅地等　115
　（4）　貸付事業用宅地等　118
　（5）　特例適用宅地等の併用　119

第Ⅲ章　事業承継の税務

事業承継税制の抜本改正　124
　（1）　適用時の要件の緩和　124
　（2）　贈与者の取消事由の緩和　124

1　非上場会社の事業承継対策　126
　（1）　定款を利用した事業承継対策　126
　（2）　相続時精算課税の適用　126
　（3）　贈与税の納税猶予の適用　126
　（4）　相続税の納税猶予の適用　127
　（5）　その他M&A等　127

2　定款を利用した事業承継対策　128
　（1）　みなし配当課税の特例等　128
　（2）　具体的な税額計算　130
　（3）　買取価額を定款に定めた場合の課税について　132

3　贈与税の納税猶予　134
（1）　贈与税の納税猶予の概要　134
（2）　対象となる認定贈与承継会社及び受贈者などの要件　135
（3）　猶予税額を納付することとなる場合　139
（4）　贈与者が贈与税の申告前に死亡した場合　140

4　相続税の納税猶予　142
（1）　相続税の納税猶予の概要　142
（2）　対象となる認定承継会社及び非上場株式等の要件　143
（3）　猶予税額の計算　147
（4）　猶予税額を納付することとなる場合　149
（5）　資産保有型会社又は資産運用型会社に該当する要件　151
（6）　第二次経営承継相続人がある場合の第一次経営承継相続人に係る相続税の納税猶予の適用要件　154

5　非上場株式等の贈与者が死亡した場合の相続税の納税猶予　156
（1）　非上場株式等の贈与者が死亡した場合の手続き　156
（2）　贈与税の納税猶予と相続税の納税猶予　157
（3）　猶予税額の計算　160
（4）　贈与税の納税猶予と相続時精算課税の適用関係　161
（5）　贈与税の納税猶予と相続税の納税猶予の関係　161

第Ⅳ章　事業承継の実務と対策

1　事業承継対策とは　164
　Ｑ１：事業承継対策とは具体的に何をすればよいでしょうか。　164
　Ｑ２：事業承継の方法にはどのような方法がありますか。　165
　Ｑ３：事業承継の方法として親族に承継させる場合、どのような点に留意すればよいでしょうか。　166
　Ｑ４：事業承継の方法として、社内の役員や従業員に承継させる場合はどのような点に留意すればよいでしょうか。　167
　Ｑ５：身近に後継者がいない場合はどうすればよいでしょうか。　169
　Ｑ６：相続紛争を避けるために遺言書を書きたいが、遺言書はどのように

書けばよいでしょうか。　170
　　Q7：事業承継において、種類株式が使えると聞きましたが、どのような
　　　ものがあり、どのように利用するのでしょう。　171
（1）　種類株式の種類　171
（2）　種類株式の使われ方（活用方法）　172
（3）　種類株式の活用上の留意事項　173

2　納税資金の対策と自社株の対策　175
　　Q8：納税資金の確保で、留意すべき事項は何でしょうか。　175
　　Q9：納税資金としての生命保険活用方法について教えて下さい。　176
　　Q10：生前贈与を考えています。贈与税の基本的な仕組みと有効な贈与方
　　　法について教えて下さい。　177
　　Q11：相続が発生した後、納税資金捻出のため、相続で取得した株式を発行
　　　会社に売却することを考えています。課税関係を教えて下さい。　178
　　Q12：自社株の対策は何を考えればよいのでしょうか。　179

3　非上場株式の納税猶予制度　180
　　Q13：非上場株式の納税猶予について教えて下さい。　180
　　Q14：非上場株式の相続税の納税猶予制度の流れについて教えて下さい。
　　　181
　　Q15：納税猶予を受けるための要件を教えて下さい。　182
（1）　会社の主な要件　182
（2）　被相続人（贈与者）の主な要件　183
（3）　経営承継相続人等（相続人（受贈者））の主な要件　183
　　Q16：相続税の納税猶予を受けるための手続きを教えて下さい。　184

序章　企業承継対策の意義

序章　企業承継対策の意義

1　企業承継の重要性

　企業承継について、その対策を促す声がますます高まっています。敗戦の廃墟の中から力強く立ち上がって企業を創業した若者たちは、もはや亡くなってしまっているか、既に80歳代や90歳代の老人になろうとしています。この創業者の人々の世代交代が広範囲に生じているとともに、創業者から会社の経営を引き継いだ二代目から三代目への世代交代がもっかのところ焦眉の問題となりつつあります。戦後70年の歳月が経過したことによって、歴史のレベルの問題としても会社経営の最も重要な課題は、企業承継の成功にあることがいまや明らかになりつつあります。継続企業（ゴーイング・コンサーン）として幾世代も超えて存続することの意義は、一企業の利害の問題ではなく、社会全体の観点から肯定的に評価されるべきことです。

　この点について、いささか難しく、かつ、繰り返して論じますと、企業承継をスムーズに行い、事業（企業）を継続して存続せしめることは、単に、個別の企業の利害にかかわることに止まらず、社会全体の観点から、社会の安定の担い手である中産階層、とりわけ中小企業の存続を断固として擁護することであり、わが国の自由で民主的な社会を維持するために絶対に必要なことであると思います。そして、相続を契機として、企業の世代交代が妨げられて、これら中産階層が消滅させられることは憂慮すべき事態です。このような社会的観点からの企業承継についてこれまで議論されなかった理由の1つには、中産階層は社会の発展にともない必然的に没落していく存在であると規定する特殊な歴史観に強く影響されていたためであると思われますが、21世紀の現在ではまったく破綻した歴史観にすぎないのであり、社会における企業の存在の意義を真摯に見直すことにより、企業承継の重要性について正確に理解ができると思います。

2　中小企業の企業承継

　企業承継対策について最も熱心なのはドイツの同族会社（有限会社）における会社の定款による対策です。ドイツにおいて農地相続や企業承継について社会的な関心が強いのは、第二次世界大戦前における全体主義の反省として、現在では、農民や中小商工業者を社会の中核と考える思想的基盤が固く確立しているからです。

　ここで簡単に歴史を振り返ってみると、第一次世界大戦後、ワイマール連合を形成していた中間政党が政権を担当しており、それゆえにこの時期のドイツの政治体制を「ワイマール共和国」と称していますが、これらの中間政党は、主として農民や中小商工業者を支持基盤としていました。しかしながら、残念にもこの中産階層の代表的な存在である農民と中小商工業者という二大政治勢力は、左右両極の政治勢力（ドイツ共産党とナチス＝国家社会主義ドイツ労働者党）の攻撃と極度のハイパー・インフレーションの発生により、壊滅的な打撃を被り没落を余儀なくされました。

　従来、中産階層では財産所有と職業が家族という社会的な基本単位に結合しており、これらの中産階層こそが自由で民主的な社会の主要な担い手でしたが、それらが根こそぎ刈り取られてしまうという事態が生ずるに至りました。このように、中産階層の消滅という状況下で左右両極の政治勢力が台頭し、両者の抗争の後、最終的にナチスの単独支配となったのが、第一次世界大戦後の1933年のナチスによる政権掌握から第二次世界大戦の終結に至るまでのドイツの政治・社会の状況でした。

　このように、ドイツでは、第一次世界大戦後に没落した中産階層がナチズムの温床になったわけですが、その苦い経験を逆に生かして、中産階層政策の重要性を提起し、健全かつ安定的な中産階層の存在が、自由な市民の拠り所であることを力説した思想家にヴィルヘルム・レプケ（Wilhelm Röpke）がいます。ドイツにおいて、農地相続や企業承継について特別の法分野が確立している社会的背景には、逞しく復興した農民や中小商工業者を社会の中核と考えるレプケの思想が深く反映しています。まさしくレプケこそが、ナチズムの悪夢から

醒めて、第二次世界大戦の敗北による荒廃から戦後の復興に起ちあがったドイツ（当時は西ドイツといわれたドイツ連邦共和国）の社会の精神的支柱でした。

　レプケの思想のエッセンスは極めて明瞭かつ簡潔で、職業と財産所有の結合を社会的安定のために最も重要視して、その担い手である中産階層を断固擁護する点にあります。わが国でも、古来の戒めとして、「恒産なき者は恒心なし」というように、一定の安定した財産と職業の具備を重要視しています。レプケ自身は、ドイツの経済学者であり、かつ社会思想家ですが、その主張する内容は、簡単明瞭であって、わが国のみならず、世界的な普遍性を持っているように思われます。わが国では、現在では中産階層の定義がやや下降していることと、いわゆる「勝ち組」と「負け組」という中産階層における両極分解の傾向が若干見受けられますが、中小規模の安定した職業を有する財産所有者が社会の中核になっていることは疑いのない事実です。

3　企業承継における税制

　かつての企業承継に関する書物や論文は、ほとんど相続税にかかわる問題を取り扱っていました。本書も租税法について解説しています。わが国においては、租税理論において、相続税の課税根拠は現在においても必ずしも明確になっていません。しかし、一般に、社会政策説と偶然利得説の複合的な考え方が租税法学説では有力とされています。社会政策説は、相続税によって富の分配の不公平を是正するという学説です。また、偶然利得説は、相続による財産取得は一種の不労所得であって、その結果増進する相続人の担税力に課税するのは、租税の分配原理に最も適合するという学説です。現在では、不労所得であるとされる取得相続財産に対する富の再配分と説明するのが通常であり、「富の再配分機能」が現行の相続税の課税根拠の定説であるとされています（金子宏・『租税法』（第4版）4頁～5頁、平成4年）。

　しかし、企業承継におけるあるべき相続税の課税理念について、富岡幸雄中央大学教授は、大要次のように述べています。「すなわち、『財産の清算による富の再配分』という課税理念は、個人企業にとっては事業用財産の処分（清算）そのものにつながり、事業の継続をきわめて困難とし、著しく合理性を欠いたものとなり、(中略) 同族的色彩が強い中小の非公開会社の場合には、資本と経営が未分離であるため、会社経営の後継者となるべき者に対して課せられる相続税の負担が企業の継続に重大な支障を及ぼすおそれがあり、税制面でこうした相続税課税の不合理な側面の是正を図ることが強く求められている。」（富岡幸雄・商事法務908号16頁）。

　結局、「事業承継税制」とは、事業用資産の分散という危険に対処するために、相続税法および租税特別措置法によって、特別の租税措置が講ぜられること、と理解することができます。そのため、「事業承継税制」は会社の資本の形成・維持を図る政策的な目的を有するものであって、断じて株式・持分の譲渡益課税の回避・軽減を図るものではないことを強調して止みません。反対に、資本形成や資本維持を実現するために、租税法上、特別の施策を講ずることは、それが企業や株主・社員にとって結果的に優遇策となるとしても、国民経済上

重要な中小企業の資本を充実させるという観点から許容されると考えます。最後に、「事業承継税制」が肯定されるとすると、「富の再分配機能」をもって相続税の課税理念であると墨守している租税法学者は、速やかに自説の誤りを反省してみる時期に至っているのではないかと思われます。

(大野正道)

第Ⅰ章　法　務

第Ⅰ章　法　務

1　事業承継の法律問題

(1)　株式の相続性

> Q　株式会社のオーナー経営者が亡くなった場合、その株式は相続されるのですか。合名会社、合資会社の場合はどうですか。

A　株式については相続が認められるが、合名会社・合資会社については事情が異なる。

株式は、株主たる被相続人の死亡によって、相続人に当然に移転する。法律上、この点についての明文規定はないものの、株式の相続性は疑問なく認められている。一般的には、会社法107条1項1号、136条以下（商法旧204①）の定款による株式の譲渡制限は相続による移転を制限するものではないとされているが、これは、株式の相続性を当然の前提とするものである。

合名会社や合資会社等においては、事情が異なる。これらの会社では、社員の死亡は退社原因とされ（会社法607①三、商法旧85三、147）、その社員たる地位（社員権）は相続人に承継されないのが原則である。ただし、定款で別段の定めをすることができるとされており、特定の相続人が当然に社員となる旨の規定（大判昭和9年11月9日法学4巻500頁）や社員の相続人が他の社員に対し被相続人の地位を承継すべき旨の一方的意思表示をするときは相続開始当時にさかのぼって社員権を取得したのと同一の扱いをする旨の規定（大判昭和2年5月4日法律新聞2697号6頁）はいずれも有効とされている。また、死亡社員の相続人に持分を譲渡して新たに入社させることも可能である（会社法585、商法旧73、147、154）。

（2） 企業の承継と望ましい相続形態

> Q　企業の継承という観点からは、どのような相続形態が望ましいのですか。

A　企業経営者の死亡によって、企業が相続人間で分割されたり、経営していた会社の株式が分割される事態を極力避けるのが、企業経営の観点からは望ましいあり方である。

　企業経営を行う場合、会社資産のみならず、経営者の個人資産の上にも銀行が担保権を設定することが多いわけであるが、その資産が相続人間で分割されて、経営者となった相続人名義の資産が少ないと、当該会社が銀行から借入れをする場合に不利な取扱いを受けるおそれがある。類似の例としてしばしば問題とされるのは、農地の相続の場合である。農業経営を行っている場合にも、農業承継者への農地の集中が主張されている。それは、農地の細分化、すなわち農業経営単位の細分化が生産効率を悪化させ農業経営を放棄させる事態を防止し、独立の自作農を維持するという国民経済的見地からする立論である。

　同様の提言が、中小規模の企業の経営についてもあてはまる。わが国の国民経済において、中小企業は枢要な地位を占めており、その存続を図ることはきわめて重要な課題である。もっとも、企業経営の場合、農地との類推は個人営業のときは比較的容易であるが、会社形態をとっているときは単純ではない。例えば、工場が建っている敷地を細分化することなく、株式を分割することによって、相続人間の平等を達成することができ、会社経営もそのような株式の分散を前提とした上で承継されることができると、一応いうことが可能である。また、そのように処理することが、民主主義のもとにおける相続として、最も好ましいと主張されるかもしれない。

　しかし、私見では、企業承継者の単独相続（事業用資産または会社の株式に限定する。）を前提として、他の譲歩相続人については相続法の許容する範囲においてのみその利益を考慮することが望ましいと考えられる。そして、相続の紛争がそれ自体として解決せず、会社の内部紛争に転化する事態をあらかじ

め防ぐ工夫が必要である。また、望ましい相続形態としては、わが国における風俗習慣に反しないことが不可欠である。

（3） 後継者の選定（企業承継の要点1）

> Q　同族会社（株式会社）において、企業継承を円滑に進めるために留意すべき点はどのようなものですか。

A　まずなすべきことは、企業の後継者として適切な者を選ぶことである。選定ができたときは、後継者に株式を集中する。

　企業承継について対策を講ずる場合、まず最初に心がけるべきことは、誰を企業の後継者にするか決定することである。これは簡単なことと思われがちであるが、実際には難しい決断を要求される。親心としてはどの子供も平等にかわいいのが人情である。そのため、ついつい決断しかねて、子供達全員を会社で働かせるような結果となってしまう。しかし、この選択は、多くの場合望ましくないものである。親の死亡後、同族会社において多くの紛争が発生しているが、その理由の多くは相続をめぐる紛争が株主間の紛争に転化したものである。

　企業にかかわりを持つ者は家族には限らない。長年自分を信頼して働いてくれた従業員、同業者、取引先もまた企業の消長によって影響を被る。したがって、企業家たる者は自己の死後も企業の存続が保障されるように、あらかじめ後継者を決定しておくのが義務とされるといっても過言でない。その後継者としては、特に不適格とすべきはなはだしい事由がない限り、長男を選ぶのが無難である。社会の意識が男女、長幼の序を重んじているのであるから、無難な選択をするのが賢明である。元来、創業者と異なって、二代目は「守成の人」であるのが持ち味であるから、自己と比べて覇気に乏しいと感じても当然である。もし創業者タイプに執着されるならば、本業は長男に委せるとして、次三男に新たな事業を起こさせることも一案であろう。

　長男を後継者とすることに決定した後は、できる限りの株式を長男の所有に移すことである。これは生前対策としても死後の処分としても実施されること

であり、本書においてその方法を詳細に説明する。最後に、企業の承継をしたからには、「本家」としての重責を果たすべきことは当然である。何かと兄弟姉妹の面倒をみるとともに、未亡人として残された母親を扶養するのは当然の義務である。

（４） 譲歩相続人への配慮（企業承継の要点２）

> Q　長男を企業の後継者とした場合、他の相続人に対しても、何か残してやる必要がありますか。

A　他の相続人に対しては、本来相続法によれば得られた相続分に相当するだけの補償を考えることが必要と思われる。

　長男が単独で企業（会社）を承継するとしても、他の企業に関与しない相続人（これを譲歩相続人とよぶ。）は、その見返りとして不動産や金銭等によって、本来相続法によれば得られた相続分に相当する価額の補償を受け取ることができる。戦前の家督相続においては、長男以外の者は何らの相続権もなかった。しかし、戦後の相続法制では均等の相続分を持っているのであるから、企業に関与しないこと、つまり会社の株式を取得しない見返りに、金銭またはその等価物によって補償される必要がある。

　この補償を実施する際に考慮すべき点は、企業に対する相続人の寄与度である。例えば、中小企業のオーナーに長女、次女、長男、次男の４人の子があり、長女が父親の事業を助けるために満足な教育も受けず経理などを担当して協力していたのに反して、長男はその間高等教育を受け、その終了後当然のごとく企業の後継者となるといった場合がある。そして、長男が結婚すると、経理の実権が長女から長男の嫁に移るのは同族会社の常ともいえる。このような場合、長年協力してきた長女と企業の後継者となった長男（現実には長男の嫁）の間で、父親の死後、内紛がしばしば発生する。人間は感情によって動かされる側面があるから、父親の事業のため青春を奪われたに等しい長女の思いを軽視することは危険な状況を招きかねない。

　そこで、長女の事業に対する貢献に報いる趣旨で、事業用資産を除く財産を、

他の相続人より多く分与することが賢明と思われる。相続法上には寄与分の制度があるが、その趣旨をこのような状況において活かすように努めるべきである。

次女や次男が事業に何ら寄与していないのであれば、この点に関連して特に配慮する必要はないが、その相続分にみあう価額の補償をすることは必要である。

（5） 特別受益の持戻し（企業承継の要点3）

> Q　企業継承に関連し、相続人間の公平を図るために、他に考慮すべき点はありますか。

A　民法が定める特別受益の持戻しを参考にして、補償の具体的方策を考えることが相当である。

事業に関与しない次女や次男に相続分の補償をする場合、婚姻や養子縁組のため、または生計の資本として贈与を受けたものがあるときは、補償は、相続分の中からその贈与（特別受益という）の価額を控除した残額を基準とすべきである。

例えば、次女が結婚に際して持参金を用意してもらったり、次男が事業を始めるにあたり資金援助を受けたりすることがある。このような贈与は、特別受益と評価され、具体的相続分の計算にあたり、控除されることになる（民法903①）。一般に、父親のライフ・サイクルを考慮すると、長男・長女より次男・次女の方が学校教育や結婚費用の面で有利な処遇を受ける例が多いといえる。それゆえに、次男・次女に対しては若干の金銭を与えれば足りるという場合もあり得る。

また、次男については、長男とは別の道、つまり別の職業を歩ませることを生前から納得させることが賢明である。長男と同様に会社に入れると、場合によっては会社の経営権をめぐり、長男と次男の間に骨肉の争いを惹起しかねない。次男には十分な学資を用意し、別の事業や職業に向かわせることも、広い意味では企業承継対策の一環となる。

（6） 法定相続における紛争発生の契機

> Q　同族会社（株式会社）において、企業継承に関し特段の対策を講じない場合、どのような問題が発生するのですか。

A　会社の経営権をめぐり、「お家騒動」が発生することがあり、状況によっては、会社の運営にも深刻な影響を及ぼす。

（1）　株式の共同相続と相続準共有

企業の承継について争いが生ずると、会社の支配権（経営権）の裏づけたる株式の帰属をめぐって相続人間に「お家騒動」が発生し、状況によっては、株式が「棚ざらし」になるといった事態を引き起こしかねない。

相続された株式は、遺産分割が済むまで相続準共有の状態におかれ、会社法106条（商法旧203②）の適用を受ける。株式が相続準共有にある場合、会社に対して権利を行使するためには、相続人全員で権利行使者1名を選定し、その者によってのみ権利行使することができるとされており、状況によっては、その選定が困難となることも考えられる。この状態は、さしずめ船が暗礁に乗り上げてどうしようもない状態に比類することができ、裁判所は、株式が「棚ざらし」になっていると表現している。「お家騒動」が深刻化すると、会社の存続自体が危なくなる。

（2）　「お家騒動」の実例

ここで、「お家騒動」の実例を1つあげておく。

これは、発行済株式総数20万株のX製薬株式会社の大株主であるA（保有株式数8万8,560株、発行済株式総数の44.28％）が死亡し、X製薬の経営権をめぐる内紛を生じた事案である。Aには、B（法定相続分3分の1）のほかに、C、DおよびE（法定相続分はいずれも9分の2）という4人の相続人がいたが、Aの死亡後も、株式名義上の株主の名義はAのままになっていた。X製薬は株主総会を開催し、D、Eらを取締役に選任する決議を行ったが、A名義の株式については、株主名簿の記載に従い、Aあてに株主総会招集通知を発送したと主張した。会社の経営から排除された長男Cは、自分には9分の2

の法定相続分があり、A名義の株式は分割可能であるから、相続分に対応する1万9,680株を取得しており、自分あてに招集通知をしなかった点に重大な瑕疵があるとして株主総会決議取消訴訟を提起した。裁判所は、株式について共同相続が開始した場合、各共同相続人がその相続分に応じた数の株式を承継するというCの主張を退け、この場合、株式は共同相続人全員に共同的に帰属し、各相続人はこれにつき相続分に応じた持分を有するにすぎないとの判断をした。そして、このように株式が数人に共同的に帰属するときは、その株式について会社に対し株主としての権利を行使すべき者1人を定めこれを会社に通知しなければならず、会社に対する関係における株主としての権利はすべてこの者に限って行使することができ、他の者は、これを行使しえないとし、本件においては、Aが保有していた株式について共同相続人間においていまだ株主の権利を行使すべき者を定めていないから、Cは株主として決議取消訴訟等を提起する権利を有しておらず、原告適格がないという理由で訴えを却下したのである（東京地判昭和45年11月19日下民集21巻11・12号1447頁）。Cはこの判決を不服として控訴したが、控訴審も一審の判断を支持した（東京高判昭和48年9月17日高民集26巻3号288頁）。この相続紛争は判決の後も続いたようである。

この事件は商法旧203条2項（会社法106条）の解釈という法律問題以外にも、相続紛争が会社訴訟に形を変えて継続してゆくプロセスをかいまみることができるという意味で、企業承継を考える際、参考になるものといえる。

（7） 株式の相続準共有

Q 株式が共有相続されると、どのような問題が発生するのですか。

A 株式は、法定相続分に応じて当然に分割されるのでなく、遺産分割手続終了まで、相続準共有の状態におかれる。

相続案件のほとんどは共同相続の事例である。そして、株式につき共同相続が発生すると、法定相続分に対応した準共有関係が生じると解されている。

株式が共同相続人間で当然に分割されないで準共有となる理由として、社員

権は一種の地位というべきものであって金銭債権のような可分債権と同一視することが困難であること、また可分債権の取扱いをしても割り切れない端数については準共有関係を承認せざるを得ないことがあげられている。

株式についての相続準共有関係は、遺産分割手続が終了するまで継続し、共同相続人は単独で権利を行使することができない。そして、この相続準共有について、株式共有の規定である会社法106条が適用されることになり、特別の考慮を払わなければならない。

(8) 会社に対する権利行使

> Q 株式が共同相続された場合、会社に対する権利行使はどのようにするのですか。

A 権利を行使すべき者を選定し、会社に対し通知することが必要になる。

(1) 権利行使者を通じた権利行使

会社法106条では、株式の共有者が会社に対して権利を行使する場合には、権利を行使すべき者(権利行使者)1名を定めなければならない旨が規定されている。つまり、共同相続人間で権利行使者を選定して、この者を通じてのみ会社に対する権利の行使、例えば利益配当の受取りや議決権の行使などができる仕組みになっているわけである。

(2) 会社法106条が適用されない場合

判例上、例外的に会社法106条が適用されない場合も認められている。

最判平成2年12月4日民集44巻9号1165頁は、発行済株式の全部が共同相続された後、取締役および監査役選任の株主総会決議がなされたものとしてその旨の登記がなされたが、これに対し株主総会決議不存在確認の訴えが提起されたという事案で、会社が、商法旧203条2項(会社法106条)による権利行使者の指定がなされていないので、原告には株主総会決議不存在確認訴訟の原告適格がない旨を主張したところ、次のような判断が示された。すなわち、株式を相続により準共有するに至った共同相続人は、商法旧203条2項(会社法106条)の定めるところに従い、右株式につき権利行使者1名を定めて会社に通知

し、この権利行使者において株主権を行使することを要するところ、株主総会決議不存在確認の訴えの提起の場合もこれと理を異にするものではないから、権利行使者の指定がない限り、原告適格を有しないと解するのが相当であるが、これを欠く場合であっても、この株式が会社の発行済株式の全部に相当し、共同相続人のうちの１人を取締役に選任する旨の株主総会決議がなされてその旨登記されている本件のようなときは、特段の事情が存在し、他の共同相続人は、この決議の不存在確認の訴えにつき、原告適格を有する、というのがその要点である。判決はその理由を、本件のような場合は、会社は本来、発行済株式の全部を準共有する共同相続人により、権利行使者の指定・通知がなされたことを前提として株主総会の開催およびその総会における決議の成立を主張・立証すべき立場にあるにもかかわらず、この手続の欠缺を主張して訴えを提起した共同相続人の原告適格を争うことは、株主総会の瑕疵を自認し、自己の立場を否定するものにほかならず、規定の趣旨を同一手続内で恣意的に使い分けるものとして、訴訟上の防御権を濫用し著しく信義則に反して許されないと説明している。

　最判平成３年２月19日判例時報1389号104頁は、合併無効の訴えの事案で、発行済株式総数の一部が相続準共有になっていたというものである。この事件でも、合併契約書の承認決議がなされたとして登記がなされているにもかかわらず、会社は、遺産分割協議が未了であり、権利行使者の指定がなされていないとして、原告適格を争った。最高裁は、権利行使者の指定・通知を欠く場合、株式の共同相続人は、特段の事情がない限り合併無効の訴えにつき原告適格を有しないとしつつ、準共有にかかる株式が双方または一方の会社の発行済株式総数の過半数を占めているのに合併契約書の承認決議がなされたことを前提として合併の登記がなされているときは、特段の事情が存在し、共同相続人の原告適格が肯定される旨判示した。これらの判決の結論はおおむね支持されており、さらに、「相続問題から会社の経営問題」へと発展した紛争の解決を目指す最高裁判所の新しい傾向を代表するものであるとする評価もある。

(9) 株式を対象とする遺言と譲渡制限

> Q 株式を遺言によって企業の承継者に取得させる場合、遺言の内容はどのようなものになりますか。

A 通常のケースでは、企業の承継者が相続人以外の者であるときは特定遺贈を行い、相続人を承継者とするときは「相続させる」遺言をすることになる。

オーナー経営者が保有している株式を企業の承継者に取得させるための方策として、まず考えられるのは遺言の利用である。

相続財産の中の特定の財産を、相続人の中の特定の者に取得させる趣旨の遺言書を作成する場合、現在の実務では、当該財産を「相続させる」という文言を用いる。これに対し、特定の財産を取得するのが相続人以外の者である場合は、当該財産を「遺贈する」と記載する。従来の実務は、相続人についても「遺贈する」という文言を用いており、これが民法の建前に忠実な文言であると考えられるのであるが、主として不動産を対象とする遺言において「遺贈」よりも「相続」の方に利点があり、「相続させる」という文言が一般化した。そして、このような遺言を「相続させる」遺言とよんでいる。現在の遺言の実務を前提にすると、企業の承継者が相続人の1人である場合は、「相続させる」遺言を用い、相続人以外の者に企業を承継させる場合は遺贈を用いるということになると考えてよいであろう。

遺贈と「相続させる」遺言とでは、株式の譲渡制限に関し、相違が生ずると考えられる。定款による株式の譲渡制限の対象となるのは意思表示による権利の移転すなわち譲渡であり、法律による当然の権利移転である相続は譲渡にあたらないと考えられている。

(10) 株式の遺贈

> Q 株式を対象とする遺贈の効力はどのように考えられていますか。

A 物権的効力説と債権的効力説が対立しているが、実際の処理については、

第Ⅰ章　法　務

別段の差異を生じないと思われる。

　相続財産中の特定の会社の株式を企業の承継者に遺贈するという内容の遺言は、特定遺贈と考えられる。

　特定遺贈の効力については、物権的効力説と債権的効力説が対立している。物権的効力説は、特定遺贈があればその効力として権利移転の効果を生ずるとするのに対し、債権的効力説は、履行行為があってはじめて権利が移転するとする。しかし、譲渡制限が働く株式について、両者の差異を論ずることはあまり意味がない。株式の受遺者は、遺贈が履行され、かつ会社の承認があるまでは、株主となり得ない。他方において、遺言者はすでに死亡しているから、相続開始後から会社の承認があるまでは、相続人が株主として権利を行使すると解さない限り、その間の権利行使に空白が生じることになる。この結論は明らかに不当であると考えられるから、やはりこの間は遺贈の履行義務者である法定相続人が株主として会社に対して権利行使をするものと解する他はないように思われる。問題の局面は異なるが、判例は、一般論として、取締役会の承認を得ないで譲渡制限株式の譲渡がなされた場合、会社は譲渡人を株主として取り扱う義務があり、その反面として、譲渡人は会社に対してはなお株主の地位を有するとしている（最判昭和63年3月15日判例時報1273号124頁）。

　このように解釈すると、物権的効力説であれ、債権的効力説であれ、実際の処理については別段の差異を生じることがなく、このような議論自体、あまり実益がないということがいえる。

(11)　譲渡制限株式の遺贈と会社の承認

> Q　譲渡制限株式を対象とする特定遺贈と会社の承認の関係を説明して下さい。

A　譲渡制限株式の受贈者は、会社の承認がなければ遺贈による取得を会社に主張できない。

　譲渡制限株式の遺贈においては、遺贈が「譲渡」にあたるため、会社法107条1項1号、136条以下により、会社の承認が必要となる。また、会社法のも

とでは、会社の承認を得ていないときは、株主名簿記載事項の記載・記録請求が認められない（会社法133、134）。なお、株式の譲渡承認手続において、遺贈の履行義務者である法定相続人は、義務の履行のために不可欠である会社の承認を得るために、信義誠実の原則に従って、可能な限りの努力を尽くさなければならず、また承認の妨げとなる行為を一切すべきでないと解される。

(12) 「相続させる」遺言

> Q 「相続させる」遺言の場合、株式の譲渡制限に関する問題は生じないのですか。

A 「相続させる」遺言に関する判例理論からすると、「相続させる」遺言による株式の移転については、譲渡制限は問題とならないとされる可能性が高いと思われる。

「相続させる」遺言の法的性質および効果について、判例は、「遺言書において、特定の遺産を特定の相続人に『相続させる』趣旨の遺言者の意思が表明されている場合、…遺言書の趣旨から、その趣旨が遺贈であることが明らかであるかまたは遺贈と解すべき特段の事情がない限り、遺贈と解すべきでない。…『相続させる』趣旨の遺言は…遺産の分割の方法を定めた遺言であり、…このような遺言にあっては、…遺産の一部である当該遺産を当該相続人に帰属させる遺産の一部分割がなされたのと同様の承継関係を生ぜしめるものであり、…特段の事情のない限り、何らの行為を要せずして、被相続人の死亡の時（遺言の効力の生じた時）にただちに当該遺産が当該相続人により承継されるものと解すべきである」としている（最判平成3年4月19日民集45巻4号477頁）。

この判例の理論によれば、「相続させる」遺言による株式の移転は譲渡にはあたらず、したがって、株式の譲渡制限は問題とならないという結論になりそうである。このように考えることができるとすれば、譲渡制限株式につき、オーナー株主が相続人中の特定の者を企業の承継者と定め、「相続させる」遺言をしておけば、会社の承認を得ることなく、株式を承継させることができるという結論となる可能性が高いと思われる。

(13) 第三者による後継者の決定

> Q 遺言をする時点で企業の承継者を決定することが難しい場合、決定を第三者に委ねることは可能ですか。

A 必ずしも明確な先例はないが、この種の遺言はドイツにおいて認められており、私見では、わが国においても、その有効性を認めるべきものと考える。

（1） 後継者の決定の委託

遺言の作成時においては、子供達らの候補者のうちで誰が最も会社経営に適しているのか判断できないことがあり、それゆえに、オーナー株主である遺言者が会社の後継者として株式を取得させるべき者を特定できない場合がしばしば生じる。例えば、子供達がまだ年少であったり、または修業中の段階では、いまだ各自の経営管理能力を十分に判断し得るまでに至らないことが多いであろう。

このような場合は、例えば、急病などによって死期のさし迫った遺言者が、株式を企業の承継者に遺贈ないし「相続させる」旨の遺言自体は作成しておくが、その後継者の決定を子供達が成人する時点または修業終了の時点まで延期して、自分と候補者以外の第三者に将来の後継者の決定を委託するという扱いを認めることが合理的と考えられる。

また、成人した複数の子供の中から後継者を決定する際にも、遺言者が親として客観的な判断を失う場合が想定されるので、このような場合にも、後継者の決定だけは第三者に委託して、その選定の客観化を図ることも考えられる。

第三者としては、遺言執行者、配偶者、事情に詳しい友人、地元の商工会議所の会頭ないしその指名を受けた業界関係者等が考えられる。

（2） 授権の許容性

わが国においては、遺言者が第三者に対して後継者の決定を授権できるような遺言の類型は存在しない。しかし、ドイツではこの種の遺言も実務上多数行われており、その実定法上の根拠として、民法典（BGB）2151条1項が参考とされていた。この規定は、遺言者は、複数の受遺者の中から遺贈の目的物を

取得すべき者を後に第三者が決定するという方法で、複数人に遺贈することができる旨を定めている。それゆえに、オーナー株主である父親が複数の子供に株式を遺贈しておいて、自己の死亡後の特定の時点で、遺言書中で指名した第三者が、その複数の子供達のうちから誰が会社の株式を（遺贈物として）取得し企業の承継者となるかを決定することが可能となる。

（3）　受遺者の選定の委任

わが国の学説では、被選定人の範囲が遺言で明確に限定されているか、または選定のよるべき明確な基準が示されている場合に、受遺者の選定を第三者に委任する遺言を有効とすべきはもちろんのことであって、仮にその基準を満たさない場合でも、遺言者が遺産処分の大綱を定めた上で、受遺者の選定などを第三者に委任しているときは、その遺言を有効としてよいとするものがある。また、判例でも「遺産は一切の相続を排除し、公共に寄与する」と記載された遺言につき、その趣旨を公共への包括遺贈と解し、遺言執行者に国その他の公共団体の中から受遺者として特定のものを選定することを委ねる趣旨を含むものとして、受遺者の特定性に欠けることがないとするものがある（最判平成5年1月19日民集47巻1号1頁）。

この点については、企業の承継者の第三者による決定が法律上許容されることの前提として、第三者による受遺者の選定の委任が認められることを認めるべきものと解される。また、今後法律構成を緻密化する場合には、第三者に対する授権という目的の趣旨に沿って、受遺者の決定という1つの任務に限定された特別の遺言執行の定めであると解することも可能である。実際、この授権は遺言執行の定めと結びついており、多くの場合、遺言執行者が受遺者を決定することとされている。このように遺言執行に類似していることから、遺言執行者に関する解釈を、第三者の法的地位の解釈に類推適用することが可能であると思われる。

(14) 定款を利用した企業承継

> Q　会社の定款に企業承継に関する規定を置くことにより、企業承継を円滑に進めることは可能ですか。

A　ドイツ有限会社法の実務においては、定款を利用して企業承継の法務対策を行う慣行がある。現在のところ、わが国においては、企業承継の法務対策に定款を利用することはほとんど行われていないが、このようなドイツの慣行は、わが国においても十分検討に値する。

（1）　同族会社における企業承継の法務対策の要は、会社の経営権の裏づけとなる株式を、法定相続ルートから外し、これを特定の後継者に承継させるという点にある。したがって、第一の関門は株式の相続制限である。

（2）　この点について画期的な意義を有するのは、昭和61年5月15日に法務省民事局参事官室から発表された商法・有限会社法改正試案であり、その三3aは、「株式の譲渡制限の定めをした株式会社又は有限会社は、定款で、相続又は合併による株式又は持分の移転があったときは、一定の期間内に、総会の決議で指定した者がその株式又は持分の売渡しを請求することができる旨を定めることができる」と規定している。

同族会社においては、株主間の人間関係が緊密であってその個性が問題となり、会社にとって好ましくない者が株式を譲り受け株主となる事態を防止する必要がある。そのため、商法旧204条1項但書（会社法107条1項1号）により、定款をもって株式の譲渡に取締役会の承認を要する旨を定めることが認められていた。しかしこの規定は、「譲渡」に関するものであり、法律上当然の移転とされている相続の場合は、この規定の対象外であると解されていた。しかし、会社にとって好ましくない者が株主となることを防止する必要があることは、相続の場合でも変わらないのであり、上記改正試案もこの点の対策を要請する実務界の声に応えたものといえる。

（3）　上記改正試案のこの規定は、その後の商法改正においては取り入れられなかったものの、平成17年に成立した会社法は、その174条以下において、

譲渡制限株式の相続人等に対する売渡し請求の制度を導入した。会社法174条は、株式会社は、相続その他の一般承継により当該株式会社の株式（譲渡制限株式に限る。）を取得した者に対し、当該株式を当該株式会社に売り渡すことを請求することができる旨を定款に定めることができるとし、会社法175条以下でその手続を規定している。これにより、相続制限は実定法上の根拠を得たことになるが、わが国においては、定款を利用した企業承継対策の実務は十分に発達していない。企業承継の法務対策の重要性は、今後ますます増大するものと考えられるが、その際にまず参照される必要があるのは、ドイツ有限会社法における定款実務であると思われる。

（4）　わが国においては、定款を利用した企業承継対策は、一部の先駆的研究を除くと本格的に検討されていない。したがって、現状では、ドイツにおける解釈論がそのままわが国の実務においても採用されるという保障はなく、本書において取り上げる点も問題点の指摘にとどまる部分が多いのである。わが国においては、定款を利用した企業承継対策はいまだ開発途上の法技術というべきであるが、戦後創業された多くの同族会社は、現在世代交代期を迎えており、企業承継問題を法的に裏づけ、紛争予防のための諸方策を用意することは実務家にとって緊急の課題といえる。

　したがって、本書の解説も、あるべき実務の姿を想定し、そのような実務が現在の法解釈の枠の中でどこまで可能か、という点に重点を置いたものであって、必ずしも現在の実務を叙述したものではないことに留意していただきたいと思う。

（15）　相続制限条項の類型

> Q　ドイツ有限会社法における相続制限条項には、どのような類型があるのですか。

A　移転（譲渡）条項、消却条項、制限的承継条項、補償条項などがある。
　（1）　移転（譲渡）条項
　死亡社員の法定相続人が、相続により承継した持分を会社または第三者に譲

渡（移転）する義務を負うという規定を「移転（譲渡）条項」という。この規定の利用のしかたとしては、2つの類型がある。会社に持分が移転され、または「第三者」が残存社員または会社等によって指定された死亡社員の親族でない者であれば、これによって名実共に持分の相続が排除されて、残存社員のみで会社が継続されることになる。これは、死亡社員の親族の入社を阻止し、残存社員だけで会社を継続していくもので、「継続条項」としての利用である。これに対し、入社する「第三者」が法定相続人中の1人または特定の相続人等の死亡社員の親族である場合には、厳密にいえば、持分の相続を排除したということはできず、親族の中から会社のパートナーとして一緒に加わる者を残存社員が選択できるだけであり、これはその者に入社権を付与する「入社条項」としての利用である。

（2） 消却条項

社員が死亡した場合に、その所有していた持分が消却される旨を定める条項を「消却条項」という。持分の消却は、社員の持分を完全に消滅させる会社の行為であり、基本資本の維持に必要な財産による消却と剰余金による消却、社員の協力による消却とそうでない消却、有償消却と無償消却、基本資本の減少を伴わない消却とこれを伴う消却、会社の自己持分の消却とそうでない消却等に分類される（大隅健一郎「独逸商法Ⅳ 有限会社法」78頁）。この条項によって、残存社員は、相続人を社員としてそのまま受け入れるか、または持分の消却を社員総会で行い、社員として入社することを拒絶するかの決定権を有することになる。

この「消却手続」は、ドイツ有限会社法34条によるが、同条によれば、持分を消却するには、定款にこれを認める規定があり、持分権利者の同意があるか、消却の条件が持分の取得前に定められており、資本出資の全額払込があった場合でなければならないとされている。また、基本資本の維持がなされることも要求されており、会社は基本資本を超える会社財産、例えば積立金等からのみ持分消却の対価を支払うことができるとされている。

（3） 制限的承継条項

社員が死亡した場合、特定の相続人または第三者が、定款の規定によって直接その持分を承継する旨を定めるものを「制限的承継条項」または「資格的承

継条項」という。これは相続を媒介することなく、死亡社員から企業の承継者に直接かつ物権的に持分を移転するという効果を生じさせることを目的とするものであり、これにより、持分がいったん共同相続され、引き続き遺産分割手続に入るという経過を省略することができる。

　（4）　補償条項

「移転条項」または「消却条項」により、持分が移転または消却される場合に支払われる補償額等を規定する条項を「補償条項」という。

「補償条項」では、持分の評価の方法について詳細に定められている。例えば、争いがある場合には評価期日に直近の確定された最終の年度貸借対照表を計算の基礎とすることが定められたり、あるいは、課税庁によって法的効果を伴って確定された持分の価格が基準となる旨が定められたりする。また、積立金や損益繰越金の扱い、評価期日までに発生していない損益や営業権の考慮の要否、税務手続自体から生ずる価額修正の考慮等についても、通常規定が置かれる。

（16）　相続制限条項の効力

> Q　ドイツでは、相続制限条項の効力が争われたりしないのですか。また、相続制限条項は相続法とどのような関係に立つのですか。

A　相続制限条項には、会社法および相続法の観点から、いくつかの問題点が指摘されていたが、実務の進展はこれらの定款規定を有効とする解釈を生み出し、これらの定款規定の有効性は、問題なく認められているといえるであろう。ただし、相続制限条項は実質的相続原則に服すべきものとされている。

　（1）　移転条項その他の相続制限に関する定款規定は、実質上死亡社員の遺言等と同様の効果をもつ。移転条項により、相続人が持分を第三者に譲渡（移転）する義務を負っている場合、この義務は経済的な結果において遺贈があったのと同様である。また消却条項については、残存社員が定款により与えられた消却権限を行使すると、死亡社員の持分が消滅する結果、残存社員が会社財産に対して有する割合的な価値、すなわち分け前が比例的に増加するが、これ

はその経済効果において、死亡社員から残存社員に対してなされる遺贈と異ならない。ところが、これらの定めは会社契約である定款に含まれている。ドイツ法上、法律行為には生前の法律行為と死因の法律行為ないし死因処分とが認められ、会社契約の締結（定款作成）は生前の法律行為であるが、遺言および相続契約は死因処分とされている。

したがって、会社契約の締結という生前の法律行為により、死因の法律行為に基づいてのみ生じうる法律効果を生じさせることができるかという点が問題となる。また、定款は相続法が要求する死因処分の方式を欠いているが、この点も問題となる。相続法の規定を厳格に適用し、会社契約（定款）という生前の法律行為によっては、相続法上の効果は何ら発生しないと解釈すれば、これらの定款条項は、相続法の規定を潜脱するものとして無効とされることになる。しかし、実務の進展は、これらの定款規定を有効とする解釈を生み出した。

（2）　会社法上の問題点

問題となるのは、相続制限条項の設定は定款自治の範囲内の行為として有効とされるか、という点であるが、この点は次のように考えられている。まず、有限会社の内部関係は、基本的には契約に基づく社員の組合的結合関係であり、人的会社の内部関係と同様に、定款自治の原則が働くと考えられる。有限会社は物的会社と人的会社の混合的性格を有するものであるが、その人的会社性が顕著に現れる場合が社員の除名や退社であり、持分の相続制限である。人的会社においては、社員の死亡が法的退社原因とされているが、有限会社においても社員の除名および退社が認められるとすれば、持分の相続制限が会社法上許容されることの1つの根拠となる。ドイツ有限会社法には、社員の除名および退社に関する規定は存在しないが、連邦通常裁判所の判例は社員の除名を認め、学説でも定款に除名に関する定めがない場合であっても、継続的な社員関係を維持し難いような信義則に反する重大な事由が存在する場合には社員を除名することができるとしている。また社員の退社についても、ライヒ最高裁判所は、社員が付随的給付義務を負っている場合について、社員の退社を許容し、学説は、重大な事由が存在する場合には、付随的給付義務を負わない社員についても退社が認められるべきであるとしている。このように、判例および学説により、有限会社においても、社員の除名および退社が認められており、そうであ

れば、「社員の死亡を理由とする除名ないし退社」すなわち相続制限も認められなければならない。ただし、社員の死亡は「重大な事由」ということはできないから、相続制限は定款においてその旨が明示的に規定されている場合に限って認められるということになる。結論的には、持分の相続制限を定めた定款条項を容認した社員すなわち定款にその旨の規定が存在することを知って入社した社員または入社後に定款変更に応じた社員は、定款自治の及ぶ範囲内の問題として、これに拘束されると解すべきであり、この限度において、相続制限条項は会社法上完全な効力を有するということができるとされている。

（3）　相続法上の問題点

相続制限条項を容認した社員自身および社員の相続人が相続制限条項に拘束される根拠をめぐってはさまざまな議論がなされているが、その中心は、死因贈与理論である。実務においては、通常、移転条項、消却条項とともに補償条項がおかれ、その中で無償または完全な価額を下回る価額による補償が定められていることがあり、この場合、持分の全部または一部が無償で譲渡、消却されることになる。この無償性を相続法上どのように説明するかが問題となり、ドイツの議論は、この点を定款規定により被相続人から残存社員等に対する死因贈与がなされたものと構成するのである。

定款による相続制限条項が死因処分の方式を欠いているという点が問題になるが、この点については、贈与者が出捐物を給付することにより、すでに死因贈与を実行した場合には、生前贈与に関する規定が適用され、死因処分の規定は適用されないとするドイツ民法典2301条2項により有効性を根拠づける見解が有力である。この問題をめぐっては、死因贈与の実行の意義をどのようにとらえるかという点についての論争、相続制限条項を社員間の射倖契約と解し無償性自体を否定する見解等があり、議論は錯綜している。

紙幅の都合上、結論のみを述べると、受益者が社員である場合、定款上の相続制限条項は、死因贈与として構成されるが、この場合、死因処分の方式は要求されないことになる。しかし、方式の具備が要求されないという以上に、特別の効果が認められるものではなく、相続制限条項は、実質的な相続法の効力規定に服すべきものとされている。これに対し、受益者が社員でない場合は、死亡社員と受益者の間に定款上の合意が存在しないため、死因贈与として構成

することはできない。死亡社員による遺贈として構成することもできるが、非定型の死因の生前行為として構成すべきであろうとする学説が有力である。この場合、社員の出捐行為は定款でなされており、定款変更の手続を経ないで単独で撤回することはできないので、単純に遺贈とみることが困難であるからである。しかし、この場合にも、実質的相続法原則は適用されるものと解されており、受益者が社員となっている場合と同様の扱いがなされている。

（４）　実質的相続原則の適用

前記のとおり、相続制限条項は、実質的な相続原則には服されなければならないとされている。

共同相続人の持戻義務については、法定相続人として相続した直系卑属は、被相続人の生存中被相続人から生計の資本として受けた財産を遺産分割に際し相互に持ち戻すべき旨を定めたドイツ民法典2050条が適用され、被相続人が出捐の際別段の定めをしていない限り、相続制限条項による受益者は、譲歩相続人に対し、持戻義務を負うことになる。

次に問題となるのは遺留分である。ドイツ民法典上、遺留分算定の基礎となる遺産額は、相続開始当時における遺産の状態および価額を標準とするものとされているが（ドイツ民法典2311条）、被相続人が第三者に贈与をなしたときは、遺留分権利者は、その贈与の目的物を遺産に加算すれば遺留分が増加する額を遺留分の補充として請求できるとされている。ただし、この遺留分補充請求権は、贈与の履行から10年を経過した後に相続が開始した場合は認められない（ドイツ民法典2325条）。これらの規定の適用については、相続制限条項が定款に定められていても、依然として持分は死亡社員の一般財産にとどまっており、死亡時には相続財産を構成すると考えるか、それとも相続制限条項が定められた時点で、持分は死亡社員の一般財産から区別された「固有財産」性を帯び、死亡時点においては、相続財産に帰属していないと解するかが問題になり、この点につき、判例、実務では、後者の見解をとり、相続制限条項が定款に定められると、死因贈与はすでに実行され、持分は社員の一般財産から分離してしまうから、相続開始時点では、死亡社員の相続財産を構成しないとしている。そして、これを生前贈与と同様に考えて遺留分補充請求権（ドイツ民法典2325条１項）の対象とし、その行使可能期間である10年の期間（ドイツ民法

典2325条3項）は、定款で相続制限条項を定めた時点から起算されるとするのである。

　遺留分の算定に当たり、補償条項の定めは考慮されるべきかという点については争いがあり、学説の傾向としては、何らかの形でこれを考慮すべきであるとする見解がやや優勢と考えられる。

　実務においては、遺留分の算定に当たり、補償条項の定めが考慮に入れられているものと推測されるが、これを適法と認めた判例はいまだ存在しないようである。

(17)　相続人に対する株式の売渡請求

> Q　相続人に対する株式の売渡請求が立法化されるに至った経緯等を説明して下さい。

A　会社法は、長年の懸案であった株式の相続制限につき、相続人に対する株式の売渡請求という構成により、明文規定を設けるに至った。今後の事業承継を考えるに当たり、意義の大きい改正と考えられる。

（1）　会社法174条の新設

　会社法174条は「株式会社は、相続その他の一般承継により当該株式会社の株式（譲渡制限株式に限る。）を取得した者に対し、当該株式を当該株式会社に売り渡すことを請求することができる旨を定款で定めることができる。」と規定している。この規定に基づき定款に規定を置くことにより、非公開会社（すべての株式が譲渡制限株式である会社）においては、企業承継者となる共同相続人以外の共同相続人（これを学術的には「譲歩相続人」という。）から当該株式会社がいったん譲歩相続人に共同相続された株式を買い取ることによって、企業承継者であるとされる共同相続人のみが会社の株式を保有し続けて株主として残り、株式会社の経営者としての地位を承継することが可能になる。

　その際、最大のポイントは、株式を買い取ることを決定する「株式会社」とはいったい何を意味するのかということを、具体的に、かつ、明瞭に定款に定めておくことであり、比較法的には、相続人に対して株式の売渡請求を決定す

る株式会社とは、当該相続人も決議に参加するとするならば、株主総会の単純多数決による決議で決定されてもよいように思われるものの、会社法の規定では、この決定は株主総会の特別決議によることになっている（会社法309条2項3号）。そして、株式を会社に売り渡さなければならない相続人は、この株主総会においては議決権を行使することができない、と定められている（会社法175②本文）。ただし、売渡しの対象となっている株式を保有する株主以外の株主の全部が当該株主総会において議決権を行使することができないときには、例外が認められて、株式の売渡請求の対象となっている株主（相続人）についても議決権が認められる（会社法175②但書）。

（2）　立法化までの経緯と比較法制

　会社法174条以下のような規定を設けるべきことは、中小企業にとって長年の要望であった。法制審議会商法部会においても早くからこのような規定を設けることが検討の対象となっていた。特に1986（昭和61）年5月15日に法務省民事局参事官室が公表した「商法・有限会社法改正試案」は、その三3aで、「株式の譲渡制限の定めをした株式会社又は有限会社は、定款で、相続又は合併による株式又は持分の移転があったときは、一定の期間内に、総会の決議で指定した者がその株式又は持分の売渡しを請求することができる旨を定めることができる。」という規定を設けることを提案していた。会社法174条の規定は、この改正試案の提案を基本的に受け入れ、約20年の歳月の経過後にこの提案を実質的に立法化したことは明白であると考えられる。

　会社法174条につき、比較法の観点から重要な点を指摘しておきたいと思う。

　一般的な見解は、合併による株式の取得にも会社法174条以下の規定の適用があるように解釈していると思われるが、比較法的には、ドイツでは相続の場合にのみ買取りが認められており、フランスにおいても相続と夫婦共有財産の清算の場合にのみ買取りが許容されている。すなわち、フランスにおいても、企業承継対策としてドイツと同様に定款を利用する法律実務が発達したが、その実務に生じた混乱を収拾する見地から、1966（昭和41）年の会社法改正の際、有限会社法44条で、持分は相続できるが、定款で社員の承認を得ることを条件とすることができる旨が規定された。

　フランスにおいて、この有限会社法44条の規定は、現在では商法典第3章

（有限会社）223-13条となっており、最新の規定は、2004年3月25日の命令2004-274号で補足されている。223-13条（L223-13）は、「持分は、相続により又は夫婦共有財産の清算の場合には、これを自由に移転することができ、かつ、配偶者間及び直系尊属と直系卑属との間では自由に譲渡することができる。しかしながら、定款は、L223-14条に定める条件（定款でそれ以上の多数が定められていなければ、社員の過半数でかつ資本の2分の1以上に当たる持分を有する社員の同意）に従って承認された後でなければ、配偶者、相続人、直系尊属又は直系卑属は社員になることができない旨を定めることができる。（中略）定款は、社員のうち1名が死亡した場合に会社がその相続人とともに存続するか、又は、生存社員のみで存続するかを定めることができる。会社が生存社員のみで存続される場合、又は相続人が社員となるための承認が拒否された場合、相続人は死亡社員の社員権の価額について権利を持つ。会社が、生存配偶者、1人又は複数の相続人、定款によって指名されもしくは認められている場合には、遺言によって指名された他のすべての人とともに会社を存続することも定めることができ、この場合には、この約定で受益者に割り当てられた社員権の価値は相続財産に持ち戻される。（以下省略）」と規定している。

(18) 相続人に対する株式の売渡請求権の法的性格

> Q 相続人に対する株式の売渡請求権の法的性格について説明して下さい。

A 相続人に対する株式の売渡請求権は形成権であり、移転条項又は消却条項に当たるものと考えられる。

（1） わが国の会社法174条では、「相続その他の一般承継」と定められており、文言上は合併なども含まれるものと解される。しかし、フランスでは明確に相続と離婚の場合に限り、持分の移転の制限が認められていることろであり、その適用範囲については、慎重に相続に限定して解釈されるべきである。会社法が一般承継（包括承継）という法律用語を使用していること及びこれまでの改正試案の経緯から、合併の場合にも同様に法的処理すべきであるとするのが多数説と思われるが、重ねて注意を促したいと思う。

（2）　株式会社による売渡請求は形成権であり、株主が売渡しを拒否したとしても、株式会社は強制的に株式を取得することができる。実務的には、株主が拒否したとき会社が当該株式を消却できる旨を定款に明示的に定めておくことが望ましいであろう。ドイツでは株式の消却条項が広範囲に利用されており、実務上、重要な役割を果たしている。

（3）　会社法174条は、これまでの立法提案の多くが採用していた条項、すなわち株式の相続の際に、会社の承認を必要とする定款条項を定めるものではない。会社法174条では、会社が相続人に対して売渡請求を行うことができ、相続人の同意がなくとも株式を会社が取得することができるという移転条項又は消却条項という定款条項を採用していると思われる。

(19)　相続人に対する株式の売渡請求の手続

> Q　相続人に対する株式の売渡請求の手続について説明して下さい。

A　相続人に対する株式の売渡請求を行う場合は、株主総会の特別決議が必要とされ、この決議において、売渡請求の相手方となる相続人は議決権を行使することができない。相続人に対し、株式売渡請求権が行使されると、相続人の合意なくして株式の売買契約が成立する。

（1）　会社法175条1項は、株式会社が相続人に対して株式の売渡請求を行うに際しては、株主総会の特別決議（会社法309②三）によって、請求する株式の数と、請求の相手方の株主の氏名又は名称を定めることを要求している。また、会社法175条2項は、売渡しの相手方は株主総会において議決権を行使できないと定めている。

会社法の制定にあたり、要綱案の段階では、会社のどの機関が売渡請求の決定を行うのか明らかにされていなかった。しかし、会社法174条で株式会社が買受人になることとされた段階で、売渡請求の決定が会社、すなわち株主総会で決められるべきことは論理必然的に明らかであった。これはまた企業承継のための立法を強く望んでいた中小企業団体の長年の要望にも沿う内容である。

企業の中には会社の内部蓄積が多くなりすぎ、オーナー経営者の個人財産が

自社株しかなく、後継者が企業承継に苦しむという事案が多数あった。この場合、会社自身が買受人になれば、担保も十分であり手元資金に苦しむことがなくなる。しかし、過去の立法提案を顧みると、多くは会社（取締役会を意味することが多かった）の指名する個人が買い取ることとなっていた。会社法において会社が買受人になる以上株主総会で決定するのは当然のことである。

（２）　会社法175条の定めるところにより、相続人に対する売渡請求の株主総会決議がなされたときは、株式会社は、当該相続人に対して、決議の対象になった株式の売渡しを請求することができる（会社法176条１項）。この会社による相続人に対する株式売渡請求権は形成権とされている。この権利の行使により、相続人の合意なくして株式の売買契約が成立する。

他方において、株式会社は、いつでも、売渡請求を撤回することができる（会社法176③）。これは一見すると不釣合いな取扱いのように思われるが、会社の売渡請求の撤回により、相続人は自己に帰属すべき株式を保持することができるのであるから権衡を失することにはならない。

(20)　売買価格の決定

> Q　相続人に対する株式売渡請求における売買価格の決定について説明して下さい。

A　対象株式の売買価格は、株式会社と相続人の協議によって定められるのが原則であるが、協議が調わない場合は裁判手続により決定される。

（１）　株式の譲渡制限（会社法136）及び相続制限（会社法174）において、実務上、最も問題になるのは株式の評価である。この場合には当事者の協議で株式の価格が定められるが、協議が調わないときには、当事者の請求により裁判所が非訟手続で株式の価格を決定することになっている。以下においてはこの両者を対比しつつ説明する。

会社法144条及び177条は、いずれも、１項で譲渡制限対象株式（売渡対象株式）の売買価格は、株式会社と譲渡等承認請求者（売渡対象相続人）との協議によって定めるとしているが、２項で、当事者は20日以内に裁判所に対し売買

価格の決定の申立てをすることができると定めている。そして、3項で、裁判所は、この決定をするには、譲渡等承認請求（売渡請求）の時における株式会社の資産状態その他一切の事情を考慮しなければならない、と規定している。この3項の点は、2005（平成17）年改正前商法（旧商法）204条ノ4第2項では「前項ノ決定ヲ為スニ付テハ裁判所ハ（中略）会社ノ資産状態其ノ他一切ノ事情ヲ斟酌スルコトヲ要ス」、と規定されていた。「考慮」と「斟酌」とでは、前者のほうが後者より語感として強く感じられるが、基本的にはそれほどの差異はないと思われる。

このように会社法では、株式の譲渡制限（相続制限）の場合における投下資本の回収について、最終的には裁判所が非訟手続で決定するという具体的な方法を定めているのであるが、譲渡制限株式の譲渡不承認の場合に関する従来の裁判所の決定例について分析しても統一的な判断基準を見出すことができないのが現状である。また、本来は相続税の算出のために租税当局である国税庁によって策定された「財産評価基本通達」が、非上場会社の株式の評価の定めを設けているので、会社法（旧商法）における非公開会社の株式の評価についても、この通達が利用され、そのようないわば流用を肯定する会社法学者も存在している。租税当局としては、非上場会社の株式について、課税のために便宜的に「通達」を利用しているのであり、証券市場の存在しない株式の評価方法としてやむを得ず是認できないこともないが、会社法上の非公開会社の株式の評価に「通達」を援用することには賛成できない。

（2）　非公開会社における株式の評価について納得できる評価方法がない現状に鑑みると、会社からの退出の際の株式の価格をめぐる争いを防ぐために、多数派株主にとっても少数派株主にとっても、すべての株主にとって納得できる株式の価額を算出するための評価規定を、予め株式会社の定款に定めておくことが考えられる。これをドイツでは補償条項（Abfindungsklausel）と呼んでおり、予防法学的見地から幅広く利用されている。いったん補償条項が定款に規定されると、非公開株式会社の定款の契約効からして、株式会社および全株主の定款による契約として全当事者を拘束することになる。ドイツの実務経験から補償条項の有用性は多大なものがあり、今後、このような補償条項を定款に挿入する実務がわが国でも定着することが、会社における無益な紛争を予

防するために要望されている。

　また、ドイツでは、営利企業として、株式会社及び有限会社において、その獲得利益を自己金融の目的で社内に留保しているのが通例であるが、株主・社員の退出に際して、この蓄積利益が社外に流出するならば、会社の経営が阻害されることが考えられる。事情によっては、補償額が高額のため、会社資産を売却することを余儀なくされ、ついには事業経営の継続が不可能になる事態が発生することがあり得る。そこで、会社から退出する者に対して、会社の資金から多額の補償がなされることを阻止する目的から、想定される真実の価額（この価額を非公開会社の株式の時価と呼ぶかは別として）を下回る価額で補償される旨を、会社の定款で予め定めておくという定款実務が定着している。

　すなわち、補償条項とは、株主・社員が会社から離脱する際に株式・持分の有する金銭的価値につき清算（Auseinandersetzung）が生ずる場合、例えば株主の退社、除名、死亡、株式・持分の差押え等の場合に、その株式・持分の有する価額の換価や補償に関する事項を定める定款条項のことである。補償条項を設定する理由として、主として次の二点が指摘されている。第一の理由は、株式・持分の評価について、様々な疑義が生ずるので、評価の困難性を回避する目的から、補償条項により、株式・持分をどのように評価するかを予め決定しておくということである。第二の理由は、既述したように、会社の蓄積利益が社外に流出する事態を防止して、会社経営の安定及び維持を図ることにある。

　ドイツにおける補償条項の例としては、帳簿価額と税務評価額を使用するのが一般的である。まず、帳簿価額（Buchwert）を用いる例文としては「株式・持分の評価のためには、評価期日に直近の確定された最終の年度貸借対照表が計算の基礎となることとする。」が代表的なものである。実務上しばしば利用されるのがこの帳簿価額であり、そのため法律上もよく問題になった。帳簿価額とは、毎営業年度の決算貸借対照表に従って算出される、株式・持分の有する資産価額（Vermögenswert）のことである。これは、株式・持分が貸借対照表上の資本勘定（Kapital konto）に占める分け前（Quote）とも表現できる。いわゆる有価証券の取得原価である帳簿価額との混同を避けるためには、貸借対照表価額（Bilanzwert）と表現するほうがより適切であるかもしれないが、ドイツの諸学説の慣例に従って、帳簿価額という用語を使用することとする。

また、税務評価額（Steuerwert）の例文として、「補償額については、争いがある場合、課税庁により評価期日に直近の確定された法的効力を有する株式・持分の評価額が基礎となる。」があげられる。

(21) 補償条項の法的効力

Q　わが国においても補償条項の有効性は認められるのですか。

A　私見では、わが国においても補償条項の有効性は認められるべきであると考えるが、株式会社については明確な先例がないので注意を要する。

（1）　会社経営を継続する目的から、会社から退出する株主・社員に支払われる補償額を縮減する定款規定、すなわち補償条項は、わが国において、事業協同組合における組合員の脱退とそれに伴う持分の払戻しについて、すでに利用されており、中小企業庁と各都道府県の中小企業団体中央会も定款に補償条項を定めることを傘下の事業協同組合に指導している。実定法上の根拠として、中小企業等協同組合法（中協法）20条1項は、脱退組合員が定款の定めるところにより、その持分の全部又は一部の払戻しを請求することができる、と規定しており、持分の実際に有する価額（時価と考えられる価額）を下回る価額で補償することが有効であることを明文で確認している。

このように定款で補償条項を規定する実務が生じた経緯は、土地の価格が長期的に高騰した結果、組合財産を構成している事業用資産、例えば工場敷地や共同店舗ビル等の価格が急激に上昇し、それと連動して適切な法律上の対策を講じないと、脱退する組合員に支払わなければならない補償額（持分の払戻し額）も急騰して、これらの事業用資産を売却しない限り、持分の払戻しに応ずることができず、トラブルが頻発する事態が生ずるに至ったことにある。現在の法律実務において、持分の全額ではなく一部の払戻しを認める旨の定款規定が全国で広範囲に利用されていることは、事業協同組合の関係者にとって今や周知の事実となっている。

このような補償条項の許容を熱望する実務界の要望に棹差すものとして、会社法29条は、株式会社につき定款の任意的記載事項の規定を新設し、株式会社

の定款には、会社法の規定により定款の定めがなければその効力を生じない事項及びその他の事項で会社法の規定に違反しないものを記載し、又は記録することができる旨を定めるに至った。

（２）　このように会社の営業の継続が困難となる事態の発生を未然に防止するためには、株式（持分）の払戻しに伴う補償額について、会社の存続を可能ならしめる趣旨から、予め定款に別段の定めを規定しておくことが望ましいと考えられる。近時の学説は、合名会社・合資会社につき、持分の払戻し自体に関する規定は会社の内部関係の問題であるから、定款をもって持分の払戻し又は支払に関する計算及び実行の方法を任意に定めることができる、と解している（上柳克郎ほか編・新版注釈会社法（１）342頁〔古瀬村邦夫〕）。

判例も、除名による退社の場合には、持分払戻請求権を失う旨の定款の定めを有効としている（東京高判昭和40年９月28日下民集16巻９号1465頁）。したがって、合名会社及び合資会社では、定款によって、持分払戻請求権を帳簿価額で評価する範囲に縮減する等の内容を含む補償条項を設定することは、法律上、当然に有効であると解される。商法の旧規定においても、合名会社及び合資会社については、持分の払戻しにつき、定款における別段の定め（補償条項）を設定することができるとされていたのである（商法旧89但書、147）。以上の考察から明らかなように、事業協同組合と合名会社・合資会社について、持分払戻しの縮減を許容するのは、立法者の高度な法律判断に基づくものであると考えられる。払戻持分が本来有するであろうと思われる客観的価値を算定する問題と、その持分の客観的価値を前提としつつ、組合の事業又は会社の営業の存続という見地から、この価値の全部ないし一部が脱退もしくは退社する者から組合又は会社に移転することを法律上許容するか否かの問題は、截然と区別されるべきである。

仮に、払戻持分が有する客観的価値は財産の時価で評価されるべきであるとする見解（最判昭和44年12月11日民集23巻12号2447頁の採用する立場）がそれ自体で正当であるとしても、その客観的価値による支払を縮減する旨を定める補償条項という定款規定の有効性の判断は、持分の客観的交換価値のうち、時価マイナス補償額に相当する部分が脱退組合員（退社員）から協同組合（会社）へ、ひいては残存組合員（残存社員）へ移転することが、事業の存続とい

う見地から、法律上許容されるかどうかの法律判断に委ねられたのであって、わが国の立法者は、中協法20条及び商法旧89条但書の規定で、これを許容する旨の判断を下したものと考えられる。したがって、この両条の規定は、持分の払戻しの全般に関する規定であり、単なる払戻持分の価値の算定に関する規定として矮小化して理解されてはならない。誤解されるおそれが大きいので念のため注意を喚起しておきたいと思う。

そこで本考察の主題、すなわち非公開株式会社と特例有限会社についても、社員の退社に備えて補償条項を定款で定めることが許容されるか否かであるが、この問題は、これらの非公開会社の内部関係が人的会社（会社法では持分会社という）のそれと同様であるか否かによって決定されると考える。そのため、非公開株式会社と特例有限会社について、会社の「社団性」と「準組合性」という法律概念がどの程度まで妥当するかについて考察を進め、わが国において補償条項の適法性に関する論議を深める必要がある。私見としては、非公開会社について社団法理から準組合法理への転換を図り、非公開株式会社と特例有限会社について準組合法理を採用するならば、人的会社（持分会社）におけるがごとく、社員の退社及びその退社の際の定款における補償条項の設定は、非公開会社についても許容されるべきであり、できるならばその有効性が立法で明確にされることが望ましいと考える。

(22) 株式の消却

Q　会社法における株式の消却について説明して下さい。

A　従前の強制消却は、会社法のもとでは、自己株式の取得と株式の消却に分解されて規定されている。

（1）　株式の消却（Einziehung）とは、特定の株式を消滅させる会社の行為である（江頭憲治郎・株式会社法（第4版）259頁）。

会社法178条1項は、「株式会社は、自己株式を消却することができる。この場合においては、消却する自己株式の数（種類株式発行会社にあっては、自己株式の種類及び種類ごとの数）を定めなければならない。」と定めているが、

商法旧213条（強制消却）に相当するような規定は設けられていない。しかし、株主が有する株式を消却することと、株主から会社が自己株式を取得することを比較すると、いずれも、株主は、その有する株式を失うことと引換えに対価を得ることとなるものであり、その効果は実質的に同じである。そこで、会社法においては、同じような法律効果を有する制度を複数存在させることなく、①株式の消却については自己株式の消却制度のみとし、②自己株式以外の株式を消却するには、その株式を会社が自己株式として取得した上で消却するという整理を行った。なお、取締役会設置会社では、この決定は、取締役会の決議によって行われる（会社法178②）。

しかし、これにより旧商法上のいわゆる強制消却と同じことが実質的にできなくなったわけではなく、実質的に強制消却と同じことを行うには、会社が株主の同意なく、その株式を取得した上で消却する手続によることになる。要するに、株式の強制消却は、自己株式の強制取得プラス自己株式の消却の組み合わせの仕組みに衣替えして、規定上は、別の規定に分解され、会社法上で脈々と生き続けているのである。

ドイツにおいては、有限会社の定款の中にドイツ有限会社法34条2項の持分権利者（社員）の同意なき「持分強制消却」の詳細な定めを事前に定めているが、わが国の定款においても、ドイツ法同様に、「株式の強制消却」に関する規定を定めることができるのか、検討を要するところである。

（2）　会社法の下で、会社から請求できる、相続人などからの株式の有償及び無償取得として、①株主の相続人等との合意による任意取得（会社法162）、及び②株主の相続人等との合意によらない強制取得として、相続人等に対する売渡請求（会社法174）がある。

株式消却の定款条項は、相続の際に会社にとって好ましくない人物が株主になることを防止することを目的とするもので、死亡株主の株式の相続を完全に排除するものではなく、相続人を株主として受け入れるか否かの決定権を残存株主が有するもので、株式を相続できる相続人の人的範囲を限定しているにすぎない。そこで、消却条項においては、死亡株主の相続人が、相続した株式を会社又は会社が指定する第三者に移転する義務を負う旨の移転条項を補充する手段として、両者を選択的に定めておくことにより、移転に応じない相続人は

消却条項による株式の強制消却を甘受しなければならない旨を定めることになる。

　なお、注意すべき点は、会社による売渡請求権は形成権であり、株主が売渡しを拒否したとしても、また株主としてとどまりたくても、あるいは裁判所の決めた価格が不満であったとしても、合意によることなく、会社が定款の定めにより強制的に株式を分配可能額の範囲内で取得することになることである。

　このことは、わが国会社法でもドイツ法と同じく、「消却条項」による強制消却、すなわち当該会社は相続人からその有する株式を、合意によることなく、会社法174条の規定で自己株式として強制取得し、更に会社法178条で株式消却することを可能とする。実務的には、株主が拒否したときは会社が当該株式を消却できる旨を定款に明示的に定めておくことが望ましいであろう。ドイツでは株式の消却条項が広範囲に利用されており、実務上、重要な役割を果たしている。わが国でも、もっと容易に会社法で株式の消却を認めるべきである。

　また、企業承継上「消却条項」により株式が消却された場合、残存株主は、自己持分の比率に応じて、その消却された持分を直接的に取得するわけではない。このことは、2つの問題を提起することとなる。その1つは、消滅した株式の代わりに、新たに株式を発行することもできるのか、この場合に備えて、定款で、新たに発行される株式が、一体誰に帰属するのか、誰に割り当てられるか、その旨を定めておくこともできるのか、という問題である。他方において、残存株主の有する持分の価値は、消却に伴って増加するわけであり、この価値増加という間接的添加が生ずることに対する、税務上の対応の問題が生ずると思われる。

(23)　相続人に対する株式の売渡請求に関する実務上の問題点

> Q　相続人に対する株式の売渡請求に関し、実務上、どのような問題があるのですか。

A　①相続開始後に相続人に対する株式の売渡請求に関する定款規定を設けることができるか、②相続された株式の一部につき売渡請求をすることができる

か、③権利行使についての１年の期間制限はどのように計算されるか等の問題がある。さらに、事業承継のために相続人に対する売渡請求に関する条項を置いた後でオーナー経営者が死亡した場合、本来事業の後継者として想定されていた相続人に対して株式売渡請求権が行使されること等が考えられるので、注意を要する。

（１） 会社法174条の定款規定を定めることができる時期

会社法174条の定款規定を置いていなかった会社が、特定の株主につき相続等が発生した後、定款変更をして会社法174条の定款規定を置くことが可能かという問題がある。これについては、時期を限定する規定が置かれていないことから、可能であるとする見解があるが（相澤哲他編『論点解説　新・会社法』162頁、商事法務、平成18年、酒巻俊雄・龍田節編『逐条解説会社法　第２巻』458頁、中央経済社、平成20年）、反対説もある（山下友信編『会社法コンメンタール４』121頁、商事法務、平成21年）。

（２） 一部売渡請求

相続人等が有する株式の一部について売渡請求をすることができるかという問題であり、肯定説が有力と思われる。

肯定説は、①相続人等に対する売渡請求による自己株式取得も財源規制の下に置かれる以上（会社法461①）、相続等に係る株式のすべてを会社が買い取ることが可能であるとは限らないことからすれば、このような規制はやむを得ないこと、②支配株主としては会社にとり好ましくないと判断される者についても、少数株主としては会社にとどまってもかまわないという判断もありうること等を指摘し、一部売渡請求を肯定している（山下編・前掲書123頁）。ただし、酒巻・龍田編・前掲書460頁は、相続人等に対する売渡請求制度の目的が会社の閉鎖性維持のための強力な手段（相続人等の合意がなくとも強制的に株式を買い取る）を譲渡制限株式に設けることである点を考慮すれば、相続人等に対する売渡請求においては、一部買取が許されると解する余地があるが、一部買取を無制限に認めることは、相続人等が少ない持株を保有したまま投下資本回収の機会を実質的に奪われることにつながりかねず、問題があるとしている。

（３） 「相続その他一般承継があったことを知った日」の意義

相続人等に対する売渡請求は、株式会社が相続その他の一般承継があったこ

とを知った日から1年以内に行われる必要がある（会社法176条①但書）。事業承継の目的からすると、「相続その他一般承継があったことを知った日」は、遺産分割により株式の取得者が確定した日を意味すると解釈することにも理由はあるが、東京高決平成19年8月16日資料版商事法務285号146頁は、「特定の相続人が被相続人の所有していた株式を相続によって取得したことを知った日」ではなく、文言通り、「相続その他一般承継そのものがあったことを知った日」であるとしている。なお、これによると、共同相続の場合において、遺産分割確定前に売渡請求をするためにどのような方法をとるべきかが問題となるが、そのような場合は、共同相続人全員を相続人と扱って売渡の請求の手続を進めれば足りるとされている（東京地決平成18年12月19日資料版商事法務285号154頁）。

（4） 議決権排除の問題点

相続人等に対する売渡請求制度を利用する目的は、主として、①株式の保有者を限定すること、及び、②株式の分散を防止することにあると思われるが、売渡請求の相手方の議決権行使が排除されていることに関連し、いずれの目的であっても、当初の意図に反する事態が生じうることが指摘されている。

①については、例えば、オーナー経営者の友人等が株式を有している会社において、この友人に相続が生じた場合に売渡請求をするつもりで制度を導入した場合であっても、当該オーナー経営者が先に死亡すると、友人の側から、オーナー経営者の相続人に対し売渡請求をするという事態が生ずる可能性があるとされている。また、②については、例えば、法定相続人が複数いる場合において、事業の後継者である相続人以外の株主から株式を取得しようとするケースが考えられるが、売渡請求を行うための決議において、売渡請求の相手方である株主の議決権が排除される結果、いわば早い者勝ちで他の相続人を会社から排除することが可能となるとされている（山下編・前掲書126頁）。

2　相続の仕組み

（1）　相続人

> Q　相続が開始すると、誰が相続人になるのですか。

A　民法が定める範囲と順序により、次のとおり、誰が相続人になるかが決まる。

（1）　相続人の範囲、順位

相続人の範囲と順位は民法によって定められている。相続人は、配偶者と血族相続人の2つのグループに分かれる。

まず、配偶者は常に相続人になる。そして、他の血族相続人がいる場合、配偶者はその者と同順位になる（民法890）。配偶者は、婚姻の届出をした者に限られ、内縁の場合、相続権はない。また配偶者に代襲相続はない。

血族相続人の場合はやや複雑で、第1順位は子とその代襲相続人、第2順位は直系尊属、第3順位は兄弟姉妹とその代襲相続人である（民法887、889）。第1順位の者がいなければ、第2順位の者が、第2順位の者がいなければ、第3順位の者が相続人になる。

子が数人いる場合は、同順位で全員が相続人になる。実子であると養子であるとを問わない。なお、非嫡出子の法定相続分は嫡出子の2分の1とされていたが（民法旧900四但書）、これを違憲とする最大判平成25年9月4日判例時報2197号10頁を受け、平成25年12月5日、民法の一部を改正する法律が成立し、非嫡出子の相続分は嫡出子の相続分と同等とされることとなった（同月11日公布・施行）。

直系尊属は、被相続人の父母、祖父母等、被相続人から血統を上にたどっていった者をさす。直系尊属の間では、親等の近い者が優先する（民法889①一但書）。例えば被相続人の父と祖父がともに生存している場合は、父が相続人になり、祖父は相続人にならない。親等の同じ者は同順位で相続人となるので、被相続人の父と母が生存している場合は、両者とも相続人になる。ここでも、

実親養親の区別はない。なお、直系尊属に代襲相続はない。

兄弟姉妹の場合も、自然の兄弟だけでなく、被相続人の両親と養子縁組をした者が含まれる。兄弟姉妹が数人いるときは、全員が同順位で相続人になるが、父母の一方のみを同じくする兄弟姉妹（半血の兄弟姉妹）の相続分は父母の双方を同じくする兄弟姉妹（全血の兄弟姉妹）の２分の１になる（民法900四但書）。なお、兄弟姉妹の子については代襲相続が認められる（民法889②）。

（２）　胎児の相続権

民法は、胎児は相続についてはすでに生まれたものとみなすものと規定し、相続権を肯定している。ただしこの規定は、胎児が死体で生まれたときは適用されない（民法886）。

（３）　代襲相続

代襲相続というのは、被相続人甲が死亡する以前にその相続人となるはずの者乙が死亡したり相続権を失ったりした場合に、乙の直系卑属丙が、乙の受けるはずであった相続分を代わって相続するという仕組みである。なお、乙が甲の兄弟姉妹であったときは、直系卑属丙は、その子に限られる。

被代襲者は、被相続人の子および兄弟姉妹である（民法887②、889②）。ただし、被相続人の直系卑属でない者には、代襲相続は認められない。被相続人甲の子乙が養子で、乙に縁組前の子丙がいるという場合がこれにあたる。この場合、甲の死亡以前に乙が死亡しても、丙は代襲相続できない。

被相続人甲の子乙に代襲原因があると、孫丙が代襲相続人になり、さらに丙にも代襲原因があるときは、丙の子丁（甲の曾孫）が代襲相続人になる（民法887③）。被相続人の兄弟姉妹に代襲原因があれば、兄弟姉妹の子が代襲相続人になる。注意を要するのは、兄弟姉妹の場合に代襲相続人になり得るのはその子までに限られるという点である（民法889②、887②）。代襲相続が認められるのは、被相続人の甥・姪までで、甥・姪の子には代襲相続権はない。

代襲原因は、相続開始以前の死亡、相続欠格（民法891）、廃除（民法892以下）に限られ（民法887②）、相続の放棄は代襲原因にならない。

数人の代襲者がいるときは、被代襲者の相続分を代襲者の間で平等に分ける（民法901、900）。

（4） 相続欠格

故意に被相続人を死亡させた場合等、相続に関し不正行為等を行った相続人がある場合、その者に相続を認めることは適当ではないので、民法は、一定の事由に該当する者については、相続人となることができないとしている（民法891）。相続欠格の場合は、廃除と異なり、特段の手続を要せず、当然に相続資格を失う。なお、相続欠格者については代襲相続が認められる。

（5） 相続人の廃除

相続人の廃除は、相続人となるべき者に一定の事由があり、被相続人がその者に相続させたくないと考える場合に、相続人の請求により、相続資格を奪う制度である。被相続人は、遺言により、相続人となるべき者に財産を残さないようにすることができる。したがって、廃除の対象になり得る者は、遺言によって奪うことのできない遺留分を有する者、すなわち、兄弟姉妹以外の推定相続人である。廃除の原因は、遺留分を有する推定相続人が、被相続人に対して虐待をし、もしくはこれに重大な侮辱を加えたとき、または推定相続人にその他著しい非行があったときと規定されている（民法892）。なお、廃除は代襲原因とされている。

（2） 相続分

Q 相続により誰がどのような割合で遺産を取得するのですか。

A 相続人が1人しかいないときは、その相続人がすべての遺産を取得することになるが、共同相続の場合に誰がどのような割合で遺産を取得するかは、民法が定める相続分による。

（1） 相続分

複数の相続人がいる場合に、各相続人が遺産を承継する割合を相続分という。民法900条以下では、相続人ごとに分数的割合で相続分を定めているが、これを抽象的相続分ということがある。これに対し、抽象的相続分を前提として、民法903条等の規定により、各相続人が具体的に受けるべき財産の額を計算した結果を具体的相続分ということがある。なお、遺産分割を行う前の相続人の

地位をさして相続分ということもある（民法905）。

　抽象的相続分は、被相続人の遺言があればこれに従い（指定相続分）、遺言がなければ民法の規定による（法定相続分）。

（２）　指定相続分

　被相続人は、遺言で、共同相続人の相続分を定め、またはこれを定めることを第三者に委託することができる。被相続人または委託を受けた第三者は遺留分に関する規定に違反することができないとされ、遺留分を侵害する相続分の定めは遺留分減殺請求の対象になる（民法902①）。被相続人が共同相続人中の１人もしくは数人の相続分のみを定め、またはこれを定めさせたときは、他の共同相続人の相続分は法定相続分の規定によって定められる（民法902②）。

（３）　法定相続分

　法定相続分は次のとおりである（民法900、901）。

① 　子および配偶者が相続人であるときは、子の相続分および配偶者の相続分は、各２分の１になる。
② 　配偶者および直系尊属が相続人であるときは、配偶者の相続分は３分の２、直系尊属の相続分は３分の１になる。
③ 　配偶者および兄弟姉妹が相続人であるときは、配偶者の相続分は４分の３、兄弟姉妹の相続分は４分の１になる。
④ 　子、直系尊属または兄弟姉妹が数人あるときは、それぞれの相続分は、相等しいものとされる。ただし、父母の一方のみを同じくする兄弟姉妹の相続分は、父母の双方を同じくする兄弟姉妹の相続分の２分の１とされる。なお、従前、非嫡出子の法定相続分は嫡出子の２分の１とされていたが（民法旧900四）、これを違憲とする最大判平成25年９月４日判例時報2197号10頁を受け、平成25年12月５日、民法の一部を改正する法律が成立し、非嫡出子の相続分は嫡出子の相続分と同等とされることとなった（同月11日公布・施行）。
⑤ 　代襲相続によって相続人となる直系卑属の相続分は被代襲者である直系存続が受けるべきであったものと同じである。代襲者が数人あるときは、それぞれの相続分は相等しいものとされ、頭割りになる。

2 相続の仕組み

（4） 特別受益者の相続分

共同相続人中に、被相続人から遺贈を受け、または婚姻、養子縁組のためもしくは生計の資本として贈与を受けた者があるときは、次のような方法で相続分の計算を行う。これは、形式的に相続分をあてはめて計算して不公平を生ずるのを防ぐためのもので、特別利益者の相続分についての持戻し計算とよばれる。

まず、被相続人が相続開始の時において有した財産の価格に、贈与の価額を加えたものを相続財産とみなし、指定相続分・法定相続分により算出した各相続人の相続分から、遺贈・贈与の価額を控除して、その残額を特別受益者の相続分（具体的相続分）とする。これにより、遺贈・贈与の価額が、相続分の価額に等しく、またはこれを超えるときは、受遺者・受贈者は、その相続分を受けることができない。すなわち、具体的相続分はゼロになるが、超過した部分を返還する必要はない。もっとも、被相続人がこの持戻し計算に関する民法の規定と異なった意思を表示したときは、遺留分に反しない範囲内で、被相続人の意思表示が優先する（民法903）。なお、この計算にあたり、贈与の価額は、受贈者の行為によってその目的たる財産が滅失し、またはその価格の増減があったときでも、相続開始の当時なお原状のままで存在するものとみなして定める（民法904）。

（5） 寄与分

特別受益者とは逆に、共同相続人中に被相続人の財産の維持・増加に貢献した者がいるとき、この努力を無視して遺産を分けると不公平な結果を生じる。これを調整するための制度が寄与分である。

共同相続中のある者が被相続人の事業に関する労務の提供または財産上の給付、被相続人の療養看護その他の方法により被相続人の財産の維持または増加につき特別に寄与した者があるときは、被相続人が相続開始の時において有した財産の価額から共同相続人の協議で定めたその者の寄与分を控除したものを相続財産とみなし、指定相続分・法定相続分によって算出した相続分に寄与分を加えた額をもってその者の具体的相続分とする。寄与分に関する共同相続人の協議が調わないとき、または協議をすることができないときは、家庭裁判所は、寄与をした者の請求により、寄与の時期、方法および程度、相続財産の額

その他一切の事情を考慮して、寄与分を定める（民法904の2）。
　（6）　相続分の譲渡と取戻し
　相続開始後遺産分割がなされるまでの間に、共同相続人は、自己の相続分を譲渡することができる。この場合の相続分は相続人の地位をさし、譲受人は相続人と同じ立場で遺産分割に参加することができる。一方、他の相続人は、1箇月以内にその価額および費用を償還して譲渡された相続分を取り戻すことができる（民法905）。

（3）　共同相続と遺産共有

> Q　相続人が複数ある場合、どのような法律関係が生じるのですか。

A　最終的に相続人の間で分割がなされるまで、相続財産は、共同相続人の共有とされる。

　相続人が複数ある場合を共同相続という。この場合、遺産は、最終的には相続人の間で分割されることになるが、分割がなされるまでの間、相続財産はその共有に属すると規定されている（民法898）。この共有の意味については共有説と合有説の見解の対立がある。共有説は、通常の物の共有と遺産の共有とは全く同じ性質であると考えるが、合有説は、遺産分割がなされるまでの間、個々の財産についての分割請求や持分の処分が制約されるとする。判例は、共有説に立ち、相続財産の共有は、民法改正の前後を通じ民法249条以下に規定する「共有」とその性質を異にするものではないとしている（最判昭和29年3月12日民集8巻3号696頁）。

（4）　遺産の分割

> Q　遺産分割の方法には、どのようなものがありますか。

A　遺産分割の方法には、被相続人が遺言で分割方法を指定しておく指定分割、相続人が話し合いで決める協議分割、さらに家庭裁判所が関与して行う分割（調停・審判による分割）の3種類がある。

各共同相続人に個々の相続財産を帰属させるための手続が遺産の分割である。遺産の分割には、被相続人が遺言により分割方法を指定する指定分割、共同相続人全員が話し合って決める協議による分割、遺産分割協議が調わないか、協議をすることができないときの家庭裁判所の審判による分割がある。また、家庭裁判所の調停手続で遺産分割が行われることもある。

　民法は分割の基準として、遺産分割は、遺産に属する物または権利の種類および性質、各相続人の年令、職業、心身の状態および生活の状況その他いっさいの事情を考慮してこれをすると規定しているが（民法906）、相続人が自由な意思により分割を行った場合は、分割の結果がこの基準に照して著しく不当なものでない限り、有効であるとされている。

　なお、遺言（民法908）、共同相続人間の協議、家庭裁判所の審判（民法907③）等により、一定期間、遺産分割を禁止することも可能である。

（5）　熟慮期間

Q　相続を放棄するか、承認するかについて、期間の制限はありますか。

A　民法上、相続の放棄は、自己のために相続の開始があったことを知った時から3箇月以内にしなければならないとされており、この期間を過ぎてしまうと、単純承認したものとみなされる。

　相続人は、自己のために相続の開始があったことを知った時から3箇月以内に、単純もしくは限定の承認または放棄をしなければならない。ただし、この期間は利害関係人または検察官の請求によって、家庭裁判所において伸長することができる（民法915①）。この期間は、承認・放棄につき検討をなすべき期間として定められたもので、熟慮期間とよばれている。熟慮期間内に限定承認または放棄をしないと、相続人は単純承認をしたものとみなされるので（民法921二）、実際上、この規定は、3箇月以内に、①限定承認、②放棄、③何もしない（単純承認をしたものとみなされる）という3つのうちのどれかを選択せよ、という意味になる。なお、相続人は承認または放棄をする前に相続財産の調査をすることができる（民法915②）。

被相続人が、相続開始後、承認または放棄をしないで死亡し、第2の相続が開始した場合、熟慮期間をどのように考えればよいかが問題になる。これを再転相続といい、熟慮期間は、その者の相続人が自分のために相続の開始があったことを知った時から、これを起算する（民法916）。相続人がいったん承認または放棄をすると、熟慮期間中でも撤回できない（民法919①）。詐欺、強迫、無能力などによる取消しは可能であるが、その取消権は、追認をすることができる時から6箇月間これを行わないときは、時効によって消滅し、承認または放棄のときから10年を経過したときも消滅する（民法919②、③）。

（6） 遺言の方式

> Q　遺言の方式には、どのようなものがありますか。

A　遺言には普通方式の遺言として3種類が、特別方式の遺言として4種類がある。

（1）　遺言の方式

遺言の方式は、大きく、普通方式と特別方式に分かれる。普通方式の遺言には、自筆証書遺言、公正証書遺言および秘密証書遺言の3つがある。特別方式の遺言は、さらに、危急時遺言と隔絶地遺言に分かれる。危急時遺言には一般危急時遺言および難船危急時遺言が、隔絶地遺言には伝染隔離者遺言および在船者遺言がある。

これらの遺言の分類は、次のような点で意味を持つ。まず、特別方式の遺言は、遺言者が普通方式により遺言をすることができるようになった時から6箇月間生存するときは、効力を失うとされている（民法983）。また、特別方式の遺言の中の危急時遺言と隔絶地遺言の分類は、危急時遺言についてのみ確認の手続が要求されるという点で意味を持つ（民法976④、979③）。なお、検認手続は、公正証書遺言を除き、すべての遺言で必要とされる（民法1004）。

（2）　自筆証書遺言と公正証書遺言のメリット

これらの方式のうち、よくみられるのは自筆証書遺言と公正証書遺言である。自筆証書遺言では、遺言者が、その全文、日付および氏名を自書し、これに

印を押さなければならない。また自筆証書中の加除その他の変更は、遺言者が、その場所を指示し、これを変更した旨を付記して特にこれに署名し、かつ、その変更の場所に印を押さなければ、効力を生じない（民法968）。

　公正証書遺言の手続は、次のとおりである（民法969）。①まず、証人 2 人以上が立ち会い、遺言者が遺言の趣旨を公証人に口頭で伝える。これを口授という。②次に、公証人が、遺言者の口述を筆記し、これを遺言者および証人に読み聞かせ、または閲覧させる。③遺言者および証人が、筆記の正確なことを承認した後、各自これに署名し、押印する。ただし、遺言者が署名することができない場合は、公証人がその事由を付記して、署名に代えることができる。④最後に、公証人が、その証書はこのような方式に従って作ったものである旨を付記して、これに署名し、押印する。遺言公正証書は、公証人の出張を求めて遺言者の病床などで行うこともできる（公証人法57）。なお、口がきけない者が公正証書によって遺言をする場合や、遺言者または証人が耳が聞こえない者である場合については、口授や読み聞かせについて特例が定められている（民法969の 2 ）。

　自筆証書遺言は、自分 1 人で作成できるが、わずかの方式の違背により無効とされたり、内容が不明確であるために争いの原因になることがある。公正証書遺言では、証人が必要になり、多少費用もかかるが、公証人が作成し、公証人役場に保管されるので、遺言の存在および内容が明確になり、滅失、隠匿、偽造、変造を防ぐのに適している。また、他の遺言と異なり、家庭裁判所の検認手続は不要とされている。公正証書遺言は、確実性の点では最も優れたものであろう。

(7)　遺贈と「相続させる」遺言

Q　遺言で財産を処分する方法として、どのようなものがありますか。

A　遺言による財産の処分は遺贈と呼ばれ、相続財産の全部または一定割合を示して行う包括遺贈と、具体的な財産を示して行う特定遺贈がある。また、実務的には、「相続させる」遺言が重要である。

第Ⅰ章　法　務

（1）　遺贈の意義

遺言者は、包括または特定の名義で、その財産の全部または一部を処分することができる（民法964）。これを遺贈とよぶ。遺贈は、贈与と同じように財産権を無償で譲渡する行為であるが、贈与が生前の行為であって契約であるのに対し、遺贈は死後処分であって単独行為である。

「包括の名義」による遺贈（包括遺贈）は、遺言者が相続財産の全部または一定割合を示して遺贈する場合であり、「特定の名義」による遺贈（特定遺贈）は、具体的な財産を示して遺贈する場合である。

（2）　遺贈の当事者

遺贈を受ける者を受遺者という。受遺者が自然人の場合、遺言者の死亡以前に受遺者が死亡したときは、遺贈の効力は生じないとされている（民法994①）。これは、財産の主体に空白が生じてはならないという考え方に基づくものであり、この場合は、代襲相続ということもない。ただし、子が死亡した場合には孫に遺贈するという趣旨の遺言は、有効とされている。停止条件付遺贈において、受遺者がその条件の成就前に死亡したときも、遺贈の効力は生じない。ただし、遺言者がその遺言に別段の意思を表示したときは、その意思に従う（民法994②）。

遺贈義務者は、原則として相続人であるが、遺言執行者がいる場合は、相続人ではなく遺言執行者が遺贈義務者になる。包括受遺者は、相続人と同一の権利義務を有するので（民法990）、遺贈義務者となることがある。

（3）　包括遺贈

包括受遺者（包括遺贈を受けた者）は、相続人と同一の権利義務を有するものとされている（民法990）。包括受遺者は、積極財産と消極財産の双方につき、その全部または一定割合を承継することになるので、包括遺贈は、相続人を新たに作りだすのとほぼ同じ結果をもたらす。

（4）　特定遺贈

特定遺贈の目的である具体的な財産は、特定物だけでなく、不特定物や債権等も含むが、このうち、重要なのは不動産の特定物遺贈である。

特定物遺贈による所有権移転の時期については、物権的効力説と債権的効力説の対立がある。物権的効力説は、遺言者の死亡により当然に所有権は受贈者

に移転するとするが、債権的効力説は、遺言者の死亡だけで所有権が受贈者に移転するのではなく、遺贈義務者の履行行為があって初めて所有権が移転するとする。判例は物権的効力説をとっており（最判昭和39年3月6日民集18巻3号437頁）、通説も同様である。

（5） 負担付遺贈

遺言により、特定の者に一定の財産を与えるとともに、一定の負担を履行する義務を課する場合を負担付遺贈という。負担付遺贈を受けた者は、遺贈の目的を超えない限度においてのみ負担した義務を履行する義務を負う。受遺者が遺贈の放棄をしたときは、負担の利益を受けるべき者が、自ら受遺者となることができるが、遺言者の別段の意思表示がある場合は、その意思に従う（民法1002）。

（6） 遺贈の承認・放棄

受遺者は、遺言者死亡の後、いつでも、遺贈を放棄することができ、遺贈を放棄すると、その効力は遺言者の死亡の時にさかのぼって生じる（民法986）。この規定は、特定遺贈に関する規定であると解されており、包括受遺者の承認・放棄は、相続の承認・放棄に準じて扱われる（民法915以下）。

（7）「相続させる」遺言

相続財産中の特定の財産を、相続人の中の特定の者に取得させたい場合、遺言書には「相続させる」という文言を使用することが多く、これを「相続させる」遺言とよんでいる。「相続させる」遺言の法的性質については、これを遺産分割方法の指定（法定相続分の変更を生じさせる場合は相続分の指定を含む。）とする説と、遺贈とする説が対立していたが、判例は、遺産分割方法の指定説をとり、このような遺言があった場合には、当該遺言において相続による承継を当該相続人の意思にかからせたなどの特段の事情のない限り、何らの行為を要せずして、当該遺産は、被相続人の死亡の時にただちに相続により承継されるとしている（最判平成3年4月19日民集45巻4号477頁）。

(8) 遺言の執行

> Q 遺言をしても、そのとおりに実行されるかどうか不安があります。遺言の内容を確実に実現するためにはどうすればよいのですか。

A 遺言執行者を指定しておくことが考えられる。なお、遺言の内容によっては、遺言の効力発生と同時に実現されてしまい、執行ということを考える余地のないものもある。

(1) 遺言の執行

遺言には、相続分の指定のように、遺言の効力発生と同時に効力を生じ、執行ということを考える余地のないものもあるが、例えば、推定相続人の廃除の場合は、家庭裁判所に審判の請求をするという執行行為が必要になる。遺言の執行は、相続人が行う場合もあるが、別に遺言執行者を定めることが多く、また遺言の内容によっては、必ず遺言執行者を置かなければならないとされていることもある。

(2) 遺言執行者の職務権限

遺言執行者は、就職後遅滞なく、相続財産の目録を調整して、これを相続人に交付しなければならない。また相続人の請求があるときは、その立会をもって財産目録を調整し、または公証人にこれを調整させなければならない（民法1011）。

遺言執行者は、相続財産の管理その他遺言の執行に必要な一切の行為をする権利義務を有する（民法1012①）。ただし、遺言が特定の財産に関する場合には、遺言執行者の職務権限が及ぶのは、その財産に限定される（民法1014）。

民法は、遺言執行者を相続人の代理人とみなすと規定している（民法1015）。遺言執行者は、遺言の内容の実現を職務とする者であるが、遺言が効力を生ずる時には遺言者はすでに死亡しているため、その承継人である相続人の代理人とみなす旨規定しているとされているが、遺言執行者は独立に職務を遂行し、場合によっては相続人の利益に反する行為をすることもある。

（3） 相続人の処分権喪失

遺言執行者がある場合には、相続人は、相続財産の処分その他遺言の執行を妨げるべき行為をすることができない（民法1013）。そして、遺言執行者がある場合に、この規定に違反してなした相続人の行為は、絶対無効とされている（大判昭和5年6月16日民集9巻550頁）。したがって、遺言執行者の存在を知らずに、相続人から遺贈の目的となっている不動産を買い受けた場合、この売買は無効であり、買主は保護されないことになる。

（9） 遺留分権利者と遺留分

Q　遺留分権利者と遺留分の割合について説明して下さい。

A　遺留分が認められるのは、配偶者、直系卑属および直系尊属であり、直系尊属のみが相続人であるときは被相続人の財産の3分の1、その他の場合には被相続人の財産の2分の1が遺留分とされている。

被相続人は、原則として、相続財産を自由に処分することができるが、死後における家族の生活を犠牲にしてまで、他人に財産を与えてよいというのは妥当とはいえない。民法は、家族の生活維持、相続財産の公平な分配等の観点から、兄弟姉妹を除く相続人に、相続財産の一定の割合について、被相続人が処分した財産を取り戻す権利を認めている。

遺留分を有する者は、兄弟姉妹以外の相続人、すなわち、配偶者、直系卑属および直系尊属である。遺留分は、遺産のうち遺留分権利者全体のために留保されるべきものの割合として構成されており、①直系尊属のみが相続人であるときは被相続人の財産の3分の1、②その他の場合には被相続人の財産の2分の1が遺留分とされている（民法1028）。遺留分権利者が複数いるときは、全体の遺留分の率に各自の法定相続分の率を乗じたものがそれぞれの遺留分の率になる。相続人が配偶者甲ならびに嫡出子丙および丁の3名であった場合、遺留分は甲が4分の1、丙および丁がそれぞれ8分の1ずつになる。

(10) 遺留分額の算定

> Q　遺留分額の算定方法について説明して下さい。

A　被相続人が相続開始の時において有した財産の価額にその贈与した財産の価額を加え、その中から債務の全額を控除して遺留分算定の基礎となる財産額を定める。これに各遺留分権利者の遺留分の率を乗じることにより、遺留分額が算定される。

（1）　遺留分算定の基礎となる財産

遺留分の額は、遺留分算定の基礎となる被相続人の財産の額に各遺留分権利者の遺留分の率を乗じて算出するが、遺留分算定の基礎となる財産額は、被相続人が相続開始の時において有した財産の価額にその贈与した財産の価額を加え、その中から債務の全額を控除したものである（民法1029①）。条件付きの権利または存続期間の不確定な権利は、家庭裁判所が選任した鑑定人の評価に従ってその価額を定める（民法1029②）。

（2）　贈　　与

贈与は相続開始前の1年間にしたものに限り、その価額を算入するが、当事者双方が遺留分権利者に損害を加えることを知って贈与したときは、1年以上前にしたものも含める（民法1030）。負担付贈与は、その目的の価額の中から負担の価額を控除して加算する（民法1038）。不相当な対価をもってした有償行為は、当事者双方が遺留分権利者に損害を加えることを知ってしたものに限り、これを贈与とみなして加算するが、この場合において、遺留分権利者がその減殺を請求するときは、その対価を償還しなければならない（民法1039）。相続人の特別受益（婚姻、養子縁組もしくは生計の資本として受けた贈与）は、1年以上前のものでも無条件で算入する（民法1044、903）。なお、遺贈（民法964以下）や死因贈与（民法554）の目的である財産は、相続財産の中に含まれているものとして取り扱われる。

（3）　債務の控除

債務の控除は、被相続人の純財産を算出するために行われ、その範囲は私法

上の債務に限らず、公法上の債務も含む。また、財産評価の基準時は相続開始時とされている。なお、判例は、遺留分額算定の基礎となる財産に特別受益として加えられる贈与財産が金銭である場合、相続開始時の貨幣価値に換算した価額をもって評価するのが相当であるとしている（最判昭和51年3月18日民集30巻2号111頁）。

3 法務・事例

(1) 「相続させる」遺言の効力

> Q 相続財産中の特定の財産を、共同相続人中の特定の者に対し「相続させる」という遺言は、どのような効力を有するのですか。

A いわゆる「相続させる」遺言は、特段の事情がない限り、遺産分割方法の指定となり、原則として何らの行為も要せず、被相続人の死亡と同時に当該財産は当該相続人に相続により承継されることになる。

解 説

(1) 相続財産中の特定の財産を、共同相続人中の特定の者に対し取得させる場合、実務においては、「相続させる」という文言を用いるが、これを「相続させる」遺言とよんでいる。このような遺言をする場合、かつては遺贈という文言が用いられていたが、「遺贈」と「相続」とでは、税金の扱いなどで相違があり、「相続させる」とした方が一般的に便宜であるため、現在ではほとんど「相続させる」遺言が使用されるようになっている。特に重要なのは、「相続させる」遺言により、指定された相続人が単独で相続登記の手続をすることが、登記実務により認められていることである。

(2) しかし、このような「相続させる」遺言の効力をめぐっては問題があった。というのは、民法では、遺言できる事項を、相続分の指定（民法902）、遺産分割方法の指定（民法908）、遺贈（民法964）の3種類に限定しているとも解され、「相続させる」遺言がどのような効力を有するか、見解が対立していたのである。そして、東京高裁判決（東京高裁昭和45年3月30日判例時報595号58頁）が、「相続させる」遺言は遺産分割方法の指定であり、遺産分割手続がなされるまで、当該相続人は当該遺産を確定的に取得することができないと判示し、これを支持する裁判例が続いたことから、登記実務と裁判例が矛盾するという状態が生じた。すなわち、登記実務上は、「相続させる」遺言があれば、遺産分割を経なくても、当該相続人の単独名義の相続登記が認められる

にもかかわらず、裁判所の見解では、遺産分割協議を経ていない以上、このような単独名義の登記がなされても確定的な権利取得があったものとは認められないことになるのである。

（3）　最高裁判決（最判平成3年4月19日民集45巻4号477頁）は、このような対立状態に一応の終止符を打った。その要点は、①「相続させる」遺言は、特段の事情がない限り、遺産分割方法の指定と解すべきであるが、同時に、②その権利取得を当該相続人の受諾の意思表示にかからせた等の特段の事情のない限り、何らの行為も要せず、被相続人の死亡と同時に当該財産は当該相続人に相続により承継される、というところにある。この判決の影響は非常に大きいものがあるが、一方、この判決は、従来にはない新たな理論によるものであるため、「相続させる」遺言が、これ以外の点でどのような効力を有するとされるのか、実際には予測困難な面があり、遺言書を作成するにあたっては、この点に注意を払う必要がある。

(2)　遺　贈

> Q　私は、遺産の一部を後妻の子に譲るという内容の遺言をしたいと考えていますが、そのために必要な手続につき説明して下さい。なお、私と後妻の子は養子縁組していません。

A　養子縁組がなければ、あなたと後妻の子との間には親子関係はないので、相続権も発生しない。相続人以外の者に遺産を与えるという内容の遺言は遺贈になるが、遺贈には包括遺贈と特定遺贈の2種類があり、ご質問の場合は、このいずれかを用いることになる。

　解　説

（1）　民法964条は、遺言者は、包括または特定の名義で、その財産の全部または一部を処分することができると規定しており、これを遺贈という。被相続人は、その財産を、遺言で自由に処分することができる。ただし、被相続人の遺産の処分については、遺留分制度等による制限がある（民法1028以下）。遺贈によって利益を受ける者を受遺者といい、遺贈を実行する義務を負う者を

第Ⅰ章　法　務

遺贈義務者という。受遺者は遺言の効力発生の時に生存していなければならず、遺言者が死亡する以前に受遺者が死亡すると、遺言は効力を生じない（民法994①）。これを同時存在の原則という。遺贈義務者は、原則として相続人であるが、遺言執行者があるときは、遺言執行者が遺贈義務者となる（民法1015、1012）。

（2）　遺贈には包括遺贈と特定遺贈がある（民法964）。包括遺贈は、遺産の全部または一部を一定の割合で示してする遺贈であり、特定遺贈は、遺産中の特定財産を対象とする遺贈である。受遺者に対し、一定の給付をなすべき義務を課する遺贈を負担付遺贈という（民法1002、1003）。例えば、遺贈をした財産の中から、遺言者の指定する者の教育費を支出させるというような場合がその例である。負担付遺贈は、包括遺贈、特定遺贈のいずれについても認められる。

（3）　包括受遺者は相続人と同一の権利義務を有するとされ（民法990）、包括受遺者は、一身専属的な権利義務を除き、遺言者の一切の権利義務を承継する（民法896）。そのため、包括遺贈をすると、遺言で相続人を指定したのと同じ結果になり、包括受遺者は遺言者のプラスの財産だけでなく、マイナスの財産すなわち負債も承継する。解釈上も、包括受遺者は、相続人に準ずる扱いがなされている。例えば、遺贈にも承認および放棄が認められ、民法986条以下の規定がおかれているが、これらの規定は特定遺贈に関するもので、包括遺贈には適用がないと解されており、包括遺贈の場合は、相続の承認および放棄の規定（民法915以下）によって処理される。また、遺産の2分の1を遺贈するというような包括遺贈が効力を生ずると、相続人と包括受遺者が遺産を共有する状態となり、包括受遺者を交えて遺産分割協議が行われることになる。

　遺言者が有する特定の不動産を受遺者に取得させるというのが特定遺贈の典型である。もちろん、特定遺贈の対象は不動産に限るわけではなく、一定金額の現金を与えるとか、遺言者が受遺者に対して有する債権につき債務免除をするといった場合も特定遺贈になる。特定遺贈の場合は、包括遺贈の場合のように負債をも含む権利義務の承継という問題は生じない。特定不動産を取得させるという内容の特定遺贈が効力を生ずると、遺言の効力発生時に、何らの履行行為も要せず、当然に所有権が受遺者に移転する。これを、特定遺贈の物権的

効力という。学説上は、遺贈の履行がなされてはじめて所有権が移転するとする債権的効力説も主張されているが、判例および通説は物権的効力説をとっている。

なお、包括遺贈、特定遺贈を問わず、遺贈の効力を第三者に対抗するには対抗要件が要求されており、遺贈により不動産を取得した場合は、所有権移転登記手続をしておくことが必要である。

（4）　ご質問のケースが、特定の財産を取得させるという場合であれば、特定遺贈を利用することになり、全財産または財産の一定割合を取得させるという場合であれば、包括遺贈を利用することになる。すでにご説明したとおり、包括遺贈では、負債も承継させることになるし、全財産を遺贈するという場合を除いて、遺産分割手続が必要となる。このような違いを踏まえ、最も適切な方法を選択されたい。

（3）　遺言の撤回

Q　遺言をした後で気が変わった場合、遺言を取り消すことはできるのですか。

A　遺言書はいったん作成した後、自由に撤回することができる。また、以前に作成した遺言書の内容と矛盾する行為をすると、撤回したものとみなされる。気が変わった場合は、自由に遺言を作り直すことができる。

解　説

（1）　民法1022条以下は、「遺言の撤回」に関して規定しているが、ここでいう撤回は、有効に作成された効力がまだ発生していない遺言について、将来発生するはずの効力を発生させないようにする行為をさす。

遺言は遺言者の死亡までは、何らの効力も生じない。一般に、効力が生じる前に意思表示を撤回することは、原則として自由とされているが、遺言は、人の最終意思を尊重する制度であるため、撤回の自由が特に重要とされる。遺言者は、いつでも、遺言の方法に従って、その遺言の全部または一部を撤回することができる（民法1022）。そして、遺言者は、その遺言の撤回権を放棄する

ことができない（民法1026）。

（2） 遺言を撤回するには、前の遺言を撤回する旨の遺言をすることが必要であるが、一定の行為が遺言の撤回とみなされる場合もある。

遺言を撤回する旨の遺言は、必ずしも撤回や取消といった用語を使用しなくてもよく、前の遺言の効力を否定する趣旨が表現されていれば十分である。撤回には、全部の撤回と一部の撤回がある。撤回は「遺言の方法」に従うことが必要であるが同一方式によることは要求されない。したがって、以前になされた公正証書遺言を後から自筆証書遺言で撤回することもできる。

遺言者が前にした遺言の趣旨と矛盾する行為をした場合、その矛盾する部分は撤回したものとみなされる。

第1に、前の遺言と後の遺言が抵触する場合は、その抵触する部分については、後の遺言で前の遺言を撤回したものとみなされる（民法1023①）。すでに遺贈の対象となっている不動産を、他の者に遺贈する旨の遺言をした場合、後の遺言の中に、前の遺贈を撤回するという条項がなくとも、撤回がなされたものとみなされる。

第2に、遺言と遺言後の生前処分その他の法律行為とが抵触する場合も、抵触する部分は撤回されたものとみなされる（民法1023②）。同じ例でいうと、遺贈の対象となっている不動産を遺言者が他の者に贈与したような場合である。なお、生前処分によって遺言者の意思が表示されただけでは、遺言と生前処分とが抵触するとはいえず、その生前処分の効力が、遺言の効力発生前、確定的に生じていることが必要とされる（最判昭和43年12月24日民集22巻13号3270頁）。また、「抵触」は、遺言後の生前行為と遺言内容が客観的に両立不能な場合だけでなく、遺言後の生前行為が前の遺言と両立させない趣旨でなされたことが明白な場合も含むとされている。

第3に、遺言者が故意に遺言書を破棄した場合、その破棄した部分については、遺言を撤回したものとみなされる（民法1024前段）。遺言書を破ったり、抹消した場合等がこれにあたる。また、遺言者が遺贈の目的物を故意に破棄したときも、その部分につき遺言を撤回したものとみなされる（民法1024後段）。

（3） ご質問の点については、遺言はいつでも撤回できるから、気が変わったらいつでも遺言を作り直せる、というのが一応の答えになるであろう。しか

し、実際には、相前後して矛盾する内容の自筆証書遺言書が数通作成され、相続争いをますます紛糾させるというような事案がみられる。何よりも、遺言をする場合には、内容を慎重に検討することが必要であり、仮に遺言を撤回する場合は、前後の遺言の内容を検討し、疑問の余地がない条項を作成することが必要であろう。

(4) 遺言の執行

> Q 遺言書を作ってしまえば、あとは何も手続はいらないのですか。それとも、遺言の内容を実現するために、何らかの準備をしておかなければならないのですか。

A 遺言には、遺言の効力発生によって当然にその内容が実現されてしまうものと、内容を実現するために執行行為を要するものとがある。執行行為を要する遺言の場合は、遺言執行者を指定しておくことをお勧めする。

解　説

(1) ①未成年後見人・未成年後見監督人の指定（民法839、848）、②相続分の指定、指定の委託（民法902）、③特別受益者の持戻し免除（民法903③）、④遺産分割の指定・禁止（民法908）、⑤共同相続人間の担保責任の定め（民法914）、⑥遺言執行者の指定、指定の委託（民法1006）、⑦遺贈減殺方法の指定（民法1034）等は、遺言の効力発生によって当然にその内容が実現されてしまい、遺言の執行を考える余地がないが、その他の遺言の多くは、遺言の執行を必要とする。例えば、相続人の排除は、遺言の効力発生によって当然に排除の効力を生ずるのではなく、遺言に基づく申立てがなされ、これに対し家庭裁判所が排除の審判をして、はじめてその効力を生ずることになる。遺言の効力発生後、その内容を実現するための手続は、遺言の執行とよばれる。

(2) 公正証書遺言を除く他の方式の遺言については、遺言書の保管者または遺言書を発見した相続人は、遺言者の死亡後遅滞なく、その遺言書を家庭裁判所に提出して、検認を受けなければならない（民法1004①）。検認は、遺言書の形式態様等を調査・記録し、その偽造・変造を防止するための手続である

（家事事件手続法209以下、別表第一103）。

　公正証書遺言は、確実に保存され、偽造・変造のおそれがないため、検認の手続も不要とされている（民法1004②）。封印のある遺言書の開封は、家庭裁判所において、相続人またはその代理人の立会のもとに行わなければならない（民法1004③）。検認、開封に関する民法の規定に違反した者は、5万円以下の過料に処せられるが（民法1005）、このような事実は遺言の効力に影響しない。

　（3）　遺言の内容を実現するための行為を行う職務と権限を持つ者を、遺言執行者という。遺贈の場合、その履行は相続人が遺贈義務者となって行うことができるが、遺贈の履行は相続人の利益に反することがあり、遺言の執行が円滑に行われるようにするためには、別に遺言を執行する者を定める必要がある。また、子の認知（民法781②、戸籍法64）、相続人の廃除およびその取消（民法893、894②）等の場合には、相続人による遺言の執行を予定しておらず、遺言執行者を設けることを明文で規定している。

　遺言執行者は、遺言者に代わって遺言の内容を実現させる者であるが、民法は、遺言執行者を相続人の代理人とみなしている（民法1015）。遺言者は遺言で、遺言執行者を指定し、またはその指定を第三者に委託することができるが（民法1006①）、指定の委託はあまり行われない。遺言執行者に指定された者は、当然に遺言執行者となるのではなく、遺言の効力発生後就職を承諾することによって遺言執行者になる。ただし、就職を承諾したときは、ただちに執行の事務に着手しなければならない（民法1007）。遺言執行者が必要であるにもかかわらず、遺言者がその指定をしていない場合や、遺言執行者に指定された者が就職を拒否したりした場合等は、利害関係人の請求により、家庭裁判所が遺言執行者を選任する（民法1010）。

　（4）　遺言執行者がある場合、相続人は、相続財産の処分その他遺言の執行を妨げるべき行為をすることができなくなる（民法1013）。遺言が特定財産に関するものである場合、他の財産に関する相続人の管理処分権は制限されない（民法1014）。

　（5）　遺言の内容によっては、遺言執行の余地のないものもあるが、遺言の執行を要する場合は、あらためて遺言執行者の選任手続を行わなくても済むよう、あらかじめ遺言執行者を指定しておくことが必要である。検認の必要のな

い公正証書遺言を用い、その中で遺言執行者を指定しておくことにより、遺言内容を迅速に実現することができる。

(5) 遺言による企業継承と遺言執行者の権限

> Q 私の父は、株式会社形態で工務店を営んでいましたが、先頃亡くなりました。相続人は、母、兄、私の3名です。父は取締役会長、叔父が取締役社長、兄が専務取締役、私が取締役、母は監査役になっていました。父は会社の株式の80%を、叔父は残りの20%を所有していました。父の株券は、自宅（兄夫婦と同居していました）の金庫に保管されています。父は公正証書遺言を残しており、①自分が所有する工務店の株式は全部私に相続させる、②遺言執行者としてX弁護士を指定するので、株券を私に引き渡し、私への名義書換を遺漏なく済ませてほしい、という2点が記載されていました。しかし、兄は、遺言の効力には疑問があるといって、金庫内の株券を私に渡すことに難色を示しています。なお、会社の定款には、株式の譲渡制限の定めがあります。そこで質問ですが、(a) 遺言執行者というのは、どのような仕事をしてくれるのですか。また、(b) 私が父の株式を自分の名義にするには、どうすればよいのですか。

A (a) について

遺言の執行とは、遺言が効力を発生した場合にその内容を実現するために必要な行為を行うことをいい、そのような事務を行うのが遺言執行者である。

(b) について

株券が発行されている場合に、株式の名義書換をするには、株券と遺言書を会社に呈示して請求することになる。そのためには、お兄さんを説得して株券の交付を受ける必要があるが、私見では、あなたと遺言執行者のいずれもこの手続をとることができると解する。なお、株式を「相続させる」遺言がなされている場合、株式の譲渡制限は働かないものと解する。

第Ⅰ章　法　務

解　説

（1）　遺言執行者への就職は辞退することもできるが、ここでは、X弁護士が就職を承諾したものとし、遺言も有効なものであるとする。遺言執行者は、相続財産の管理その他遺言の執行に必要な一切の行為をする権利義務を有し（民法1012）、遺言執行者がある場合には、相続人は、相続財産の処分その他遺言の執行を妨げるべき行為をすることができない（民法1013）。遺言が特定財産に関する場合、これらの規定はその財産についてのみ適用される（民法1014）。なお、遺言執行者は相続人の代理人とみなされる（民法1015）。

（2）　遺言には、遺言の効力発生とともに当然に効力を生じ、その執行の余地がないものと、執行を要するものが存在する。遺言執行者の権限が認められるのは、当然、後者の執行を要するもののみである。

　問題は、「相続させる」遺言について執行の余地があるかどうかという点である。株式を「相続させる」遺言について論じたものは見当たらないので、不動産の場合の裁判例を参考にして考える。最高裁判決（最判平成3年4月19日民集45巻4号477頁）が、特定の遺産を特定の相続人に「相続させる」遺言の効力につき、原則として、何らの行為を要せずして当該遺産は被相続人の死亡によりただちに相続により承継されると判示したこと等から、「相続させる」遺言には、執行の余地はないという説もある。しかし、その後の裁判例は、特定の不動産を特定の相続人に「相続させる」遺言がなされた場合の遺言執行者の職務権限について、①登記名義の移転は遺言執行者の職務権限に属するが、当該不動産が被相続人名義であるときはこの職務権限は顕在化しない、②占有の移転は遺言書にその旨が明記されている場合などを除き、職務権限に属しない、③他の相続人が相続開始後に当該不動産につき、被相続人から自己への所有権移転登記を経由しているときは、遺言執行者は所有権移転登記の抹消登記手続等を求めることができるなどと判示している。

（3）　ご質問の場合、「相続させる」遺言による株式の移転は、株式の譲渡制限には服さず、遺言の効力発生と同時に、当然にあなたに株式は移転すると考えられる。しかし、あなたが株主の地位を会社に主張するには、株式の名義書換が必要である。そして、株券が発行されている場合、株式の名義書換には、株券の呈示のほか、株式の取得原因が相続である場合には相続関係を証明する

書類の呈示が必要とされている。ご質問の遺言は、株券の交付、名義書換等についても明確に言及しており、私見では、株券の交付請求、名義書換請求等はあなた自身でもできるものの、遺言執行者の権限ともなると考える。

（6） 企業後継者への株式集中と遺留分減殺請求権

Q　わが家は建築業を営んでいますが、事業自体は株式会社組織になっています。建築会社の発行済株式総数は200株で、父が全部所有しています。なお、定款に、株式譲渡制限の定めはありません。父と母の間には、私のほかに姉が1人、弟が1人いますが、母は亡くなり、私たち3人が相続人です。父の資産は、建築会社株式の他、土地・建物、上場会社株式および預金です。父は、私を事業の後継者にしたいという考えで、私に建築会社株式、土地・建物、上場会社株式の全部を相続させ、姉と弟に対しては、預金を同額で相続させるという内容の遺言をしています。姉は父の意向を了承していますが、弟は納得していないようで、父の死後、弟が、遺留分侵害を主張するのではないかと懸念しています。遺言に従うと、相続開始時点で、合計1億円の預金を姉と弟が5千万円ずつ取得し、私が取得することになる資産の評価額が、建築会社株式3億円、土地・建物1億2千万円、上場会社株式8千万円であったとした場合、遺留分の問題に関し、次の点を説明して下さい。
(a)　弟の遺留分額と遺留分侵害額
(b)　弟が遺留分減殺請求権を行使した場合の建築会社の株式の扱い

A　(a)について

　贈与、相続債務等がない場合、遺留分額は1億円、遺留分侵害額は5千万円である。

　(b)について

　建築会社の各株式は、弟さんの持分10％、あなたの持分90％の割合による共有になるが、価額弁償により、弟さんの返還請求に対抗することが考えられる。なお、価額弁償にあたっては、建築会社の株式のみ選択することができると考

第Ⅰ章　法　務

えられる。

解　説

（1）　遺言で特定の相続人に相続財産を集中させると、他の相続人の遺留分を侵害することがあり、遺留分減殺請求権が行使された場合の対策を考えておく必要がある。ご質問の例では、「相続させる」遺言がなされているようであるが、「相続させる」遺言も、遺留分減殺請求の対象になるとされている（最判平成3年4月19日民集45巻4号477頁）。

遺留分額は、被相続人が相続開始の時において有した財産の価額にその贈与した財産の価額を加え、その中から債務の全額を控除して遺留分算定の基礎となる財産額を定め、これに各遺留分権利者の遺留分の率を乗じ、さらに遺留分権利者がいわゆる特別受益財産を得ているときはその価額を控除して計算する。そして遺留分侵害額は、この遺留分額から遺留分権利者が相続によって得た財産の額を控除し、同人が負担すべき相続債務の額を加算して算定する（最判平成8年11月26日民集50巻10号2747頁）。ご質問の例では、遺留分は被相続人の財産の2分の1であり、各相続人の相続は3分の1ずつなので遺留分の率は、6分の1になる（民法900、1028）。贈与、相続債務等はないものとして計算すると、弟さんの遺留分額は1億円、遺留分侵害額は5千万円になる。

（2）　遺留分減殺請求権が行使された場合の法律関係

遺留分権利者は、遺留分を保全するのに必要な限度で遺贈および一定の贈与の減殺を請求することができるが（民法1031）、減殺されるべき行為が複数ある場合について、民法は減殺の順序等を定めている。

例えば贈与と遺贈があるときは、先に遺贈を減殺し（民法1033）、複数の遺贈があるときは、原則として、その目的の価額の割合に応じ、按分して減殺する（民法1034）。遺留分減殺請求権は形成権とされており、その行使により、贈与・遺贈は遺留分を侵害する限度において失効し、受贈者・受遺者が取得した権利はその限度で当然に減殺請求をした遺留分権利者に帰属する（最判昭和51年8月30日民集30巻7号768頁）。

ご質問の例では、「相続させる」遺言がなされているため、遺産分割手続を経ることなく、建築会社株式、土地・建物および上場株式をあなたが取得することになると考えられるが（最判平成3年4月19日民集45巻4号477頁）、これ

により、弟さんの側は、5千万円の遺留分侵害を受ける。そして、弟さんが遺留分減殺の意思表示をすると、その限度で「相続させる」遺言が失効する。「失効」の効果については、相続開始時の各財産の価額に応じ、遺留分侵害額が各財産に按分して割り付けられ、あなたと弟さんの共有状態が生じるという解釈が一般的と思われる。これによると、建築会社株式については、3千万円分（10％）が弟さんの共有持分になり、2億7千万円分（90％）があなたの共有持分になる。土地・建物や上場株式についても、同様の共有関係が発生する。

建築会社の発行済株式総数は200株であるとのことであるが、遺留分侵害額が各財産に按分して割り付けられると考えるときは、株式1株ごとに弟さんとあなたの共有状態が生じていると考えるべきで、あなたが取得した発行済株式総数200株が、弟さん所有の20株とあなたが所有する180株に当然に分割されるという結論にはならないと思われる。この場合、共有状態が解消されるまでの間、建築会社の株式につき、権利行使をしようとするときは、権利行使者1名を定め、建築会社に通知する必要がある（会社法106）。権利行使者の選定は、発行済株式の過半数をもって行うことができると考えられるので（有限会社の持分につき、最判平成9年1月28日判例時報1599号139頁）、最終的には、あなたの判断で決定することができると思われる。

遺留分権者は、遺留分減殺請求権を行使して現物の返還を請求できるが、受贈者・受遺者は、減殺を受けるべき限度において、贈与・遺贈の目的の価額を遺留分権利者に弁償して返還の義務を免れることができる（民法1041）。価額弁償が認められれば、共有物分割の手続によらずに共有関係を解消できる可能性がある。「相続させる」遺言が遺留分減殺の対象となると解釈する以上、価額弁償も認められるという結論が自然と思われるので、ご質問の例でも、価額弁償により対抗できる可能性が高いと思われる。なお、判例は、複数の財産について遺留分減殺請求が問題となる場合、その中から、特定のもののみを選択して価額弁償することを認めているので（最判平成12年7月11日民集54巻6号1886頁）、建築会社株式のみの価額弁償も認められるものと思われる。

第Ⅰ章　法　務

(7)　株式を「相続させる」遺言と特定相続人の地位

> Q　印刷会社を経営していた父が、最近亡くなりました。相続人は私と弟の2人です。遺産は不動産（評価1億円）、父が全株保有していた印刷会社の株式（評価1億円）および預貯金2億円です。父は遺言を残していましたが、この遺言は、私を印刷会社の後継者とすること、父が所有する印刷会社株式は全部私に相続させることの2点が記載されているだけで、他の遺産の処分について触れていません。なお、生前贈与等はありません。
> (a)　私は印刷会社株式以外の財産につき、権利を主張できないのですか。
> (b)　私は経営者には向いていないように思えますし、現在の職を離れることにも抵抗があるので、印刷会社株式を取得したくないのですが、そのようなことは可能ですか。

A　(a)について

私見では、この遺言の趣旨は、相続分の指定を含まず、他の財産について権利を主張することは可能であると解する。

(b)について

私見では、相続放棄をするまでもなく、相続させる遺言による利益を放棄することによって、印刷会社株式を取得しないことが可能になると解する。

解　説

(1)　「相続させる」遺言と残余財産の分割

最高裁判決（最判平成3年4月19日民集45巻4号477頁）は、特定の遺産を特定の相続人に「相続させる」遺言がなされた場合、特段の事情のない限り、何らの行為を要せずして、被相続人の死亡の時にただちに特定の遺産が特定の相続人に相続により承継されるとしている。そして、同判決は、残余財産がある場合、その遺産分割協議または審判において、特定の遺産の承継を参酌して残余遺産の分割を行うべきであるとしているが、残余遺産の分割に関する法律

関係について、具体的な言及はなされていない。

（2）「相続させる」遺言と相続分の指定の関係

ご質問の (a) は、「相続させる」遺言が相続分の指定（民法902）とどのような関係に立つかという問題になる。ご質問の事例では、特定の遺産が具体的相続分の割合を下回っており、「相続させる」遺言が相続分の指定を伴うと解する立場からすると、その特定の遺産のみを取得することになって、残余遺産につき、具体的相続分との差額につき権利を主張することはできないということになる。これに対し、「相続させる」遺言は相続分の指定を伴わないと解する立場からすると、具体的相続分との差額について、なお権利主張の余地があるという結論になる。ある裁判例（山口家裁萩支判平成6年3月28日家裁月報47巻4号50頁）は、「相続させる」遺言により承継された特定の遺産が具体的相続分を下回る場合に、相続分の指定を伴わないとする判断を示している。被相続人の意思解釈の問題として考えた場合、特定の遺産が具体的相続分の割合を下回る場合、そこから、特定の遺産を取得させたいとすることの他に、他の遺産の取得を禁止する趣旨まで読みとることは難しいと思われる。したがって、私見では、ご質問の事例で、残余の遺産について権利主張をすることは否定されないと解する。

（3）「相続させる」遺言の利益の放棄

ご質問の (b) では、「相続させる」遺言に対し、その利益を放棄することが認められるかが問題となる。もちろん、相続の放棄をしてしまえば、あなたは最初から相続人にならなかったことになり、印刷会社株式も承継されなかったことになる。しかし、ご質問の趣旨からすると、相続の放棄まではせずに、印刷会社株式のみを承継しないことが可能か、という問題を考えておられるものと思われる。「相続させる」遺言により特定の遺産を取得する利益を放棄することができるかという問題については、放棄を否定する見解と肯定する見解があり、さらに、共同相続人全員の合意がある場合にのみ放棄が認められるとする見解もあるが、まだ明確な先例はないようである。これが裁判上の紛争となった場合の結果を明確に予測することは困難であるが、遺贈の放棄を認める民法986条1項の趣旨は「相続させる」遺言にもあてはまると思われるので、私見では、「相続させる」遺言の利益を放棄することは認められるべきであり、

ご質問の事例でも、印刷会社株式を取得しないでおくことは認められると解する。

(北沢　豪)

第Ⅱ章　相続税・贈与税

第Ⅱ章　相続税・贈与税

1　相続税及び贈与税の概要

(1)　相続税と贈与税

> Q　財産を無償で後継者に移転する場合、どのような税金がかかりますか。

　相続税は個人の死亡による財産の移転、つまり、相続や遺贈により財産を取得した場合に課税されるのに対して、贈与税は生前における財産の贈与に対し課される。相続税と贈与税は、共に相続税法の中に規定されているが、贈与税は相続税を補完する位置づけにある。生前に贈与をすれば、その分相続税の負担軽減を図ることができ、また、生前贈与は遺族の生活維持に資する遺産に比べて担税力も高いことから、贈与税の負担は相続税よりも重い。

相続税率	相続税の課税価格 ~H26.12.31	H27.1.1~	贈与税率	贈与税の課税価格 ~H26.12.31	H27.1.1~	同左（特例）
10%	~1,000万円	~1,000万円	10%	~200万円	~200万円	~200万円
15%	~3,000万円	~3,000万円	15%	~300万円	~300万円	~400万円
20%	~5,000万円	~5,000万円	20%	~400万円	~400万円	~600万円
30%	~1億円	~1億円	30%	~600万円	~600万円	~1,000万円
40%	~3億円	~2億円	40%	~1,000万円	~1,000万円	~1,500万円
45%	—	~3億円	45%	—	~1,500万円	~3,000万円
50%	3億円超	~6億円	50%	1,000万円超	~3,000万円	~4,500万円
55%	—	6億円超	55%	—	3,000万円超	4,500万円超

　贈与税額の算定は単純であり、その年1月1日から12月31日までの1年間にその個人が贈与により取得した全ての財産の価額（時価）から基礎控除額を控除した残額（贈与税の課税価格）に贈与税率を乗じて算出される。

> 贈与税額＝（受贈財産の合計額－基礎控除額110万円）×贈与税率

　これに対して、相続税の算定は、遺族の生存維持のための配慮や生前の贈与財産との調整、相続人や受遺者への税負担の考慮といった様々な調整が加えら

れる。税額の算定は二段階方式であり、まず、第1段階として、被相続人の正味遺産額から基礎控除額を控除した残額（課税遺産額）について、法定相続分により取得したものとみなして計算した相続税の総額を算定し、次に、第2段階として、その相続税の総額を各相続人等の具体的な遺産取得割合で按分して各相続人等の相続税額を計算する方式が採られている。

課税遺産総額の計算

① 正味遺産 ＝ 遺産総額（相続時精算課税財産を含む）－ 非課税財産 － 債務・葬式費用
　　　　　　　　　　↓
② 課税価格の合計額 ＝ ① ＋ 相続開始前3年以内の贈与財産
　　　　　　正味遺産　↓
③ 課税遺産総額 ＝ ② － 基礎控除額（5,000万円 ＋ 1,000万円 × 法定相続人数）

　　平成27年1月1日以後に相続または遺贈により取得する財産に係る相続税については、下線部が現行の60％に縮減（3,000万円 ＋ 600万円 × 法定相続人数）

(注1) 法定相続人は民法に規定する相続人であり、その数は、相続の放棄があっても、その放棄がなかったものとした場合の相続人の数となる。
(注2) 被相続人に養子がある場合の法定相続人の数に含まれる養子の数は、実子がいる場合には1人まで、実子がいない場合には2人までに制限される。

相続税額の計算（夫の課税価格の合計額が2億円、相続人が妻と2人の子）

① 法定相続割合（妻：1/2、子A：1/4、子B：1/4）で取得したものとみなして計算した各人ごとの相続税額

　課税遺産総額1億2,000万円 ＝ 課税価格の合計額2億円 － 基礎控除額8,000万円
　（5,000万円 ＋ 1,000万円 × 3人）

妻 1億2,000万円×1/2 ＝6,000万円	子A 1億2,000万円×1/4 ＝3,000万円	子B 1億2,000万円×1/4 ＝3,000万円
×30％－700万円＝1,100万円	×15％－50万円＝400万円	同左＝400万円

② 相続税の総額（①の各相続人の相続税額を合計）

　1,100万円 ＋ 400万円 ＋ 400万円 ＝ 1,900万円

③ 各相続人の算出税額（相続税の総額を各人の課税価格の割合で按分）

　課税価格の合計額（妻が正味財産の全部1億6,500万円を取得、Aに3,500万円の相続時精算課税受贈財産有り）

妻1億6,500万円（1.65億/2億＝0.825）	子A 3,500万円（3,500万/2億＝0.175）	子B －
1,900万円×0.825＝1,567.5万円	×0.175＝332.5万円	0円

第Ⅱ章　相続税・贈与税

④ 配偶者の税額軽減（1億6,000万円までの課税価格に対応する税額を控除）

　相続税の総額のうち、課税遺産総額×配偶者の法定相続割合か1億6,000万円のいずれか大きい金額（ただし、配偶者の課税価格を限度）に対応する部分の税額を配偶者の相続税額から控除。

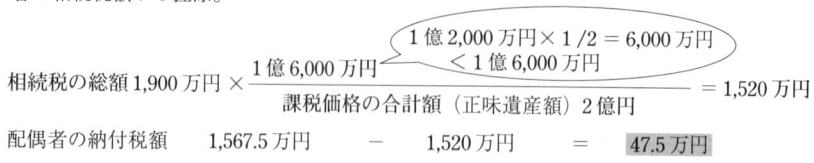

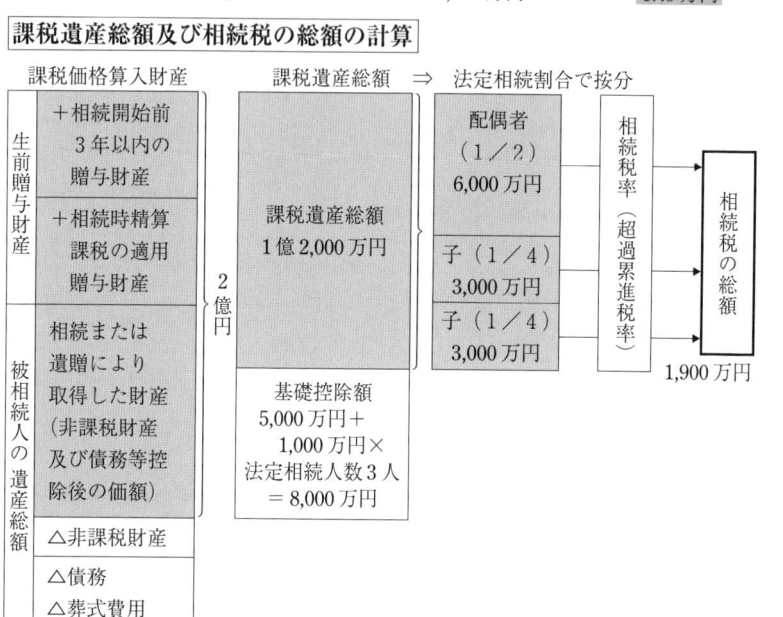

$$相続税の総額1,900万円 \times \frac{1億6,000万円}{課税価格の合計額（正味遺産額）2億円} = 1,520万円$$

（1億2,000万円×1/2＝6,000万円　＜1億6,000万円）

配偶者の納付税額　　1,567.5万円　－　1,520万円　＝　**47.5万円**

課税遺産総額及び相続税の総額の計算

課税価格算入財産	課税遺産総額	⇒ 法定相続割合で按分

生前贈与財産
- ＋相続開始前3年以内の贈与財産
- ＋相続時精算課税の適用贈与財産

被相続人の遺産総額
- 相続または遺贈により取得した財産（非課税財産及び債務等控除後の価額）
- △非課税財産
- △債務
- △葬式費用

　2億円

課税遺産総額　1億2,000万円

基礎控除額　5,000万円＋1,000万円×法定相続人数3人＝8,000万円

配偶者（1/2）6,000万円
子（1/4）3,000万円
子（1/4）3,000万円

相続税率（超過累進税率）　→　相続税の総額　1,900万円

1　相続税及び贈与税の概要

各人の納付すべき相続税額の計算

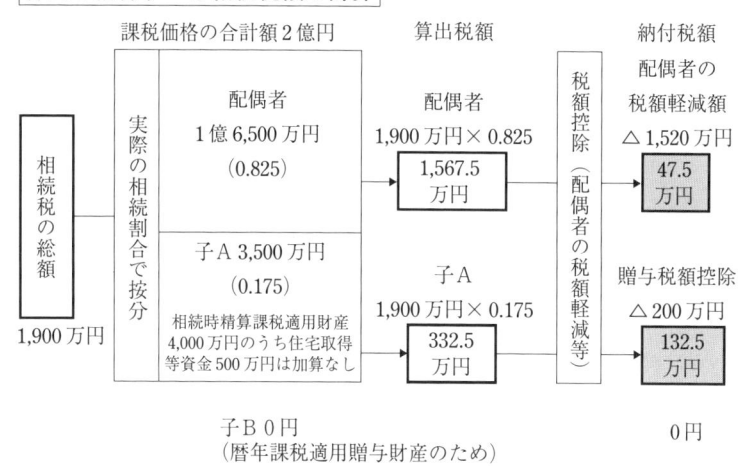

```
                課税価格の合計額2億円        算出税額              納付税額
                                                              配偶者の
                    配偶者              配偶者     税          税額軽減額
         実        1億6,500万円        1,900万円×0.825  額         △1,520万円
相       際          （0.825）                      控
続       の                            ┌─────┐   除         ┌─────┐
税       相                            │1,567.5│   （         │ 47.5 │
の       続                            │ 万円  │   配         │ 万円 │
総       割                            └─────┘   偶         └─────┘
額       合                                         者
         で          子A 3,500万円       子A        の         贈与税額控除
         按           （0.175）                     税          △200万円
1,900万円 分                          1,900万円×0.175 額
                  相続時精算課税適用財産          ┌─────┐ 軽         ┌─────┐
                  4,000万円のうち住宅取得          │ 332.5│ 減         │132.5 │
                  等資金500万円は加算なし         │ 万円 │ 等         │ 万円 │
                                                  └─────┘ ）         └─────┘

                    子B 0円                                              0円
                  （暦年課税適用贈与財産のため）
```

（2）　贈与税の仕組み

> Q　贈与税の仕組みはどのようなものですか。

　個人から贈与により財産を取得した受贈者は、原則として、暦年課税方式により贈与税が課税されるが、経営者から贈与により財産を取得した後継者（20歳以上である贈与者の推定相続人及び孫に限る）は、その選択により暦年課税に代えて、相続時精算課税制度の適用を受けることができる。

　また、平成27年1月1日以後に直系尊属から贈与により財産を取得した受贈者（20歳以上の者に限る）の贈与税額の算出には、一般税率に代えて、特例税率が適用される。

暦年課税

　暦年課税は、暦年1年間に、贈与により取得した財産の価額及び贈与により取得したとみなされる財産の価額の合計額から非課税財産の価額を控除した課税価格から配偶者控除額および基礎控除を控除した残額に税率（一般税率または特例税率）を乗じて贈与税を算定する。

第Ⅱ章　相続税・贈与税

| その年1月1日から12月31日までに贈与により取得した財産の価額の合計額 | 課税価格 | × （一般・特例）税率⇒贈与税額 |

住宅取得等資金
（～H26.12.31）

配偶者控除
2,000万円

基礎控除額
110万円

非課税限度額（単位：万円）

	H25年	H26年
省エネ等住宅	1,200	1,000
一般住宅	700	500

同上の期間のみなし贈与財産の価額の合計額

【特例贈与財産と一般贈与財産がある場合の贈与税額の計算】

　平成27年以後、同年中に直系尊属からの贈与により取得した財産（特例贈与財産）と直系尊属以外の者からの贈与により取得した財産（一般贈与財産）があった場合の贈与税の計算については、次のイ及びロに掲げる金額を合計した金額となる。

　　イ　贈与税の課税価格（基礎控除及び配偶者控除後） × 特例税率 × $\dfrac{特例贈与財産の価額}{合計贈与価額}$(注1)

　　ロ　贈与税の課税価格（同上） × 一般税率 × $\dfrac{一般贈与財産の価額^{(注2)}}{合計贈与価額^{(注1)}}$

(注1)　合計贈与価額は贈与税の課税価格の計算の基礎に算入されるものに限り、贈与税の配偶者控除後の価額

(注2)　一般贈与財産の価額は贈与税の配偶者控除後の価額

|相続時精算課税|

　60歳（平成26年12月31日以前の贈与の場合は65歳）以上の直系尊属から財産の贈与を受けた推定相続人または孫（贈与年の1月1日において20歳以上である者に限る。また、孫については平成27年1月1日以後の贈与に限る。）は、贈与時に、その直系尊属（特定贈与者）から贈与を受けた財産の合計額から相続時精算課税の特別控除額（特定贈与者ごとに一生涯にわたり2,500万円限度）を控除した課税価格に20％の税率の贈与税を支払い、その特定贈与者の相続開始時に、その受贈財産の贈与時の価額（時価）を相続税の課税価格に加算して計算した相続税額から、贈与時に支払った贈与税に相当する金額を控除することにより贈与税・相続税を通じた納税を行う相続時精算課税制度を選択することができる。この場合において、孫である受贈者がその特定贈与者から遺贈により財産を取得しなかったときは、その受贈財産を遺贈により取得したものと

1 相続税及び贈与税の概要

みなして相続税の課税価格に加算する。

また、相続時精算課税の適用を受けた受贈者は、その後のその適用を受けた特定贈与者からの贈与については、暦年課税の適用を受けることはできない。

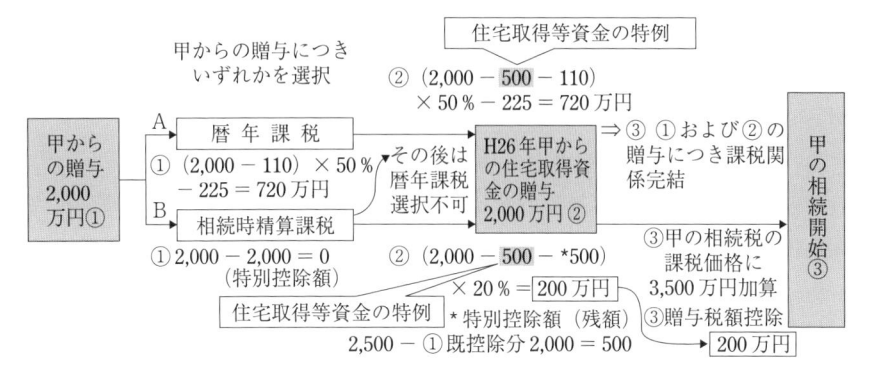

```
                    甲からの贈与につき     住宅取得等資金の特例
                    いずれかを選択      ②(2,000-500-110)
              A   暦 年 課 税                ×50％-225=720万円
甲から             ①(2,000-110)×50％               ⇒ ③ ①および②の    甲
の贈与              -225=720万円   その後は   H26年甲から           贈与につき課税関   の
2,000            ―――――――――  暦年課税   の住宅取得資           係完結          相
万円①         B   相続時精算課税  選択不可   金の贈与                              続
                  ①2,000-2,000=0           2,000万円②  ③甲の相続税の        開
                   (特別控除額)    ②(2,000-500-*500)          課税価格に        始
                                                                    3,500万円加算   ③
                  住宅取得等資金の特例  ×20％＝200万円
                                       *特別控除額（残額）   ④贈与税額控除
                                       2,500-①既控除分2,000=500  ▶ 200万円
```

(3) 贈与税の配偶者控除・住宅取得等の贈与税の非課税

> Q 親族間で贈与をする場合に贈与税の負担を軽減する特例はありますか。

経営者が親族に財産を贈与する場合には、直系卑属に対する財産の贈与に相続時精算課税制度（上記（2）参照）が選択可能であるほか、居住用不動産及びそれを取得するための金銭の贈与については「贈与税の配偶者控除」及び「住宅取得等資金の贈与税の非課税」の特例を受けることができ、また、教育資金を直系卑属に一括贈与した場合にも非課税の特例を受けることができる。この他、経営者の自社株を後継者に贈与する場合に「贈与税の納税猶予制度」（Ⅲ非上場株式の納税猶予制度を参照）を利用することも可能である。

|贈与税の配偶者控除|

経営者が婚姻期間20年以上の配偶者（内縁関係は除く）に居住用不動産（国内物件に限る）または居住用不動産を購入するための金銭の贈与をし、受贈配偶者が贈与を受けた年の翌年3月15日までに贈与を受けた土地や家屋に実際に居住し、その後も引続き居住する見込みである場合、贈与税の申告をすれば、基礎控除110万円のほかに、最高2,000万円の贈与税の配偶者控除（同一の配偶者間で一度限り）を受けることができる。

第Ⅱ章　相続税・贈与税

住宅取得等資金の贈与税の非課税

　平成26年中に、後継者（贈与の年の1月1日に20歳以上であり、その年の合計所得金額が2,000万円以下の者に限る）がその直系尊属から住宅取得または新築並びに増改築（床面積要件：50㎡以上240㎡以下、その取得等と共にする敷地の用に供される土地の取得を含む）をするための金銭の贈与を受け、その贈与の年の翌年3月15日までに、その資金の全額を対価に充てて住宅の取得等をし、その者の居住の用に供した場合、500万円（*省エネ等住宅は1,200万円）の非課税限度額を、暦年課税の基礎控除額110万円または相続時精算時課税の特別控除額2,500万円に上乗せすることができる。

＊省エネ等住宅：省エネ等級4、耐震等級2以上または免震建築物に該当する住宅

住宅取得等資金の相続時精算課税選択の特例

　平成26年12月31日までに、住宅取得等資金の贈与を受けた場合には、贈与者である直系尊属が65歳未満であっても相続時精算課税を選択することができる。

	相続時精算課税（一般）	同左（住宅取得等資金の特例）
贈与財産	財産一般	住宅取得等資金（土地の先行取得）
贈与者	65（60）歳以上の父母・祖父母	直系尊属（年齢制限なし）
受贈者	20歳以上の子・孫	同左（合計所得金額2,000万円以下）
非課税枠	2,500万円まで	3,000（省エネ等住宅3,500）万円まで
税率	非課税枠超過部分×20％	同左
適用期間	平成15年1月1日～	平成24年1月1日～平成26年12月31日
贈与者の相続開始	贈与時の受贈財産の価額（時価）が相続財産に加算され、受贈時に支払った贈与税額が相続税から控除される	同左。ただし、住宅取得等資金の贈与税の非課税の特例を受けた金額（H26年：500万円または1,000万円）は相続財産に加算されない

（4）　相続税の仕組み

Q　相続税の仕組みはどのようなものですか。

　相続税は、まず、課税遺産総額を算定し、その課税遺産総額に対して法定相続分に応じた相続税の総額（上記（1）75頁参照）を算定し、その相続税

の総額を各人が実際に取得した課税価格の割合で按分して各人の納付すべき相続税額を算定する。

課税遺産総額（相続税の課税対象となる財産の価額）

【遺産総額】（相続・遺贈財産＋みなし相続財産＋相続時精算課税適用財産）

　相続税は、原則として、相続や遺贈によって取得した財産について課税されるが、この財産には、相続や遺贈によって取得したものとみなされる財産（以下「みなし相続財産」とする）、及び、生前の被相続人から相続時精算課税に係る贈与によって取得した財産（以下「相続時精算課税適用財産」とする）も含まれる。また、相続等により取得した財産の内に、相続開始の直前において、被相続人等の事業の用または居住の用に供されていた宅地等のうち一定の要件を満たす部分については、小規模宅地等の評価減（80％か50％）がなされる。

【純資産価額（遺産総額－非課税財産－債務控除）

　遺産総額から非課税財産の価額を控除し、さらに、被相続人の債務や葬式費用の額（債務控除額）を控除した残額が純資産価額（正味の遺産額）となる。

【課税価格（の合計額）】（純資産価額＋相続開始前3年以内贈与財産）

　純資産価額に③相続開始前3年以内に被相続人から暦年課税に係る贈与によって取得した財産が加算され、各人の課税価格となり、その合計額が課税価格の合計額となる。

【課税遺産総額】（正味の遺産額－基礎控除額）

　課税価格の合計額から基礎控除額5,000万円＋1,000万円×法定相続人の数（H27.1.1～の相続・遺贈は3,000万円＋600万円×法定相続人の数）を控除した残額が課税遺産総額となる。

相続税の課税価格に算入すべき財産

イ　相続や遺贈によって取得した財産

　相続税の課税対象となる財産は、被相続人が相続開始の時において有していた土地、家屋、立木、事業用財産、有価証券、家庭用財産、貴金属、宝石、書画骨とう、電話加入権、預貯金、現金などの金銭に見積もることができる全ての財産であり、国内財産のみならず、国外財産も相続税の課税対象となる（相続等により国外財産のみを取得した制限納税義務者は原則的に納税義務がないが、平成25年4月1日からは、被相続人が国内に居住していた場合は課税され

ロ 相続や遺贈によって取得したものとみなされる財産（みなし相続財産）

死亡保険金等[注1]、死亡退職金等[注2]、生命保険契約に関する権利[注3]のほか、被相続人が掛金や保険料を負担していた定期金に関する権利や保証期間付定期金に関する権利、被相続人の遺言によって債務の免除を受けたことによる経済的利益、そして、贈与税の納税猶予の特例を受けていた農地等や非上場株式等なども相続や遺贈によって取得したものとみなされ、相続税の課税対象となる。

(注1) 死亡保険金等

死亡に伴い支払われる生命保険金、損害保険金、農業協同組合などの生命共済金や傷害共済金のうち、被相続人が負担した保険料や共済掛金に対応する部分の金額（保険金を年金その他の定期金で支払を受ける場合を含む）なお、相続人が受け取った保険金については一定額が非課税となる。

(注2) 死亡退職金等

死亡に伴い支払われる退職金、功労金、退職給付金など（退職金などを年金その他の定期金で支払を受ける場合を含む）。なお、相続人が受け取った退職手当金等についても一定額が非課税となる。

(注3) 生命保険契約に関する権利

被相続人が保険料を負担し、被相続人以外の人が契約者となっている生命保険契約で、相続開始の時において、まだ保険金の支払事由が発生していないもの。

ハ 相続時精算課税適用財産

相続時精算課税適用者が被相続人から取得した相続時精算課税適用財産の価額（相続開始の時の価額ではなく、贈与の時の価額）は、相続税の課税価格に加算され、相続時精算課税適用者が、相続や遺贈によって財産を取得しなかった場合であっても、被相続人から取得した相続時精算課税適用財産は、相続又は遺贈により取得したものとみなされ、相続税が課税される。

ニ 相続開始前3年以内に被相続人から贈与によって取得した暦年課税財産

相続等により財産を取得した者が、被相続人からその相続開始前3年以内に贈与を受けた場合には、その贈与を受けた財産（基礎控除額110万円以下の贈与財産や死亡した年に贈与されている財産を含む）の贈与時の価額をその者の相続税の課税価格に加算し、その加算された贈与財産につき納付した贈与税額に相当する税額を、その加算された者の相続税の計算上控除（贈与税額控除）

する。ただし、次の財産については加算されない。
- 贈与税の配偶者控除の特例を受けた財産（相続開始の年において受けようとする財産を含む。以下同じ）の内、その配偶者控除額に相当する金額
- 直系尊属から贈与を受けた住宅取得等資金の内、非課税の適用を受けた金額
- 直系尊属から一括贈与を受けた教育資金の内、非課税の適用を受けた金額

第Ⅱ章　相続税・贈与税

【配偶者の課税価格の計算例】

| 贈与税の配偶者控除の適用贈与 2,000万円 | ⇒相続税の課税価格には加算されない |

〈相続または遺贈により取得した財産（平成27年1月1日～）〉

自宅 500万円
固定資産税評価額

宅地 330m² 1億円

小規模宅地の評価減
（特定居住用宅地等）
△1億円×80％＝
8,000万円

家屋（自宅）
500万円（固定資産税評価額）×1.0＝　　500万円
土地（自宅敷地）
1億円－小規模宅地評価減8,000万円＝　2,000万円

医院 1,500万円
固定資産税評価額

宅地 400m² 2億円

小規模宅地の評価減
（特定居住用宅地等）
△2億円×80％＝
1億6,000万円

家屋（被相続人の経営する医院の建物）
1,500万円（固定資産税評価額）×1.0＝　1,500万円
土地（医院敷地）
2億円－小規模宅地評価減1億6,000万円＝4,000万円

現金預金 5,000万円

現金・預金　　　　　　　　　　　　　　5,000万円

〈みなし相続財産〉

非課税 500×3＝1,500万円　　生命保険金 5,000万円

生命保険金
5,000万円－非課税金額1,500万円＝　　3,500万円

非課税 500×3＝1,500万円　　退職金 3,500万円

退職金
3,500万円－非課税金額1,500万円＝　　2,000万円

相続時精算課税適用財産 0

相続時精算課税適用贈与財産　　　　　　　―
　　　　　　　　　　　　遺産総額計1億8,500万円

債務控除額

債務控除額（配偶者負担額）　　　　　△1,500万円
借入金1,000万円＋葬式費用500万円＝　1,500万円
　　　　　　　配偶者の正味遺産額1億7,000万円

相続開始前3年以内の贈与財産 3,000万円

生前贈与・加算　　　　　　　　　　　＋3,000万円
　　　　　　　　配偶者の課税価格　　　　2億円

84

1 相続税及び贈与税の概要

各人の納付すべき相続税額の計算

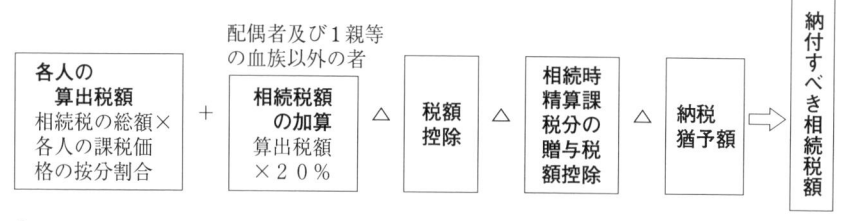

各人の算出税額（相続税の総額×各人の課税価格の按分割合）＋ 配偶者及び1親等の血族以外の者 相続税額の加算（算出税額×20％）△ 税額控除 △ 相続時精算課税分の贈与税額控除 △ 納税猶予額 ⇒ 納付すべき相続税額

【各人の算出税額】

相続税の総額を課税価格の合計額に占める各人の課税価格の割合で按分して計算して各人ごとの相続税額を算出する（上記（1）75頁参照）。

【相続税額の加算】

相続、遺贈や相続時精算課税に係る贈与によって財産を取得した者が、被相続人の一親等の血族（代襲して相続人となった孫（直系卑属）を含み、養子となった孫（直系卑属）は除く）及び配偶者以外の者である場合には、その者の相続税額にその相続税額の2割に相当する税額が加算される。

【税額控除】

各人ごとの相続税額から「贈与税額控除額」、「配偶者の税額軽減額」、「未成年者控除額」、「障害者控除」、「相次相続控除」、及び「外国税額控除」の税額控除の額を順次控除し、その残額が差引税額となるが、控除しきれない場合には、納付すべき相続税額は「0」となる。

イ　贈与税額控除（暦年課税分）

相続、遺贈または相続時精算課税に係る贈与によって財産を取得した者に相続開始前3年以内の（暦年課税分の）贈与財産について課せられた贈与税がある場合には、その者の相続税額からその贈与税額（贈与税の外国税額控除前の税額）を控除する。

ロ　配偶者の税額軽減

相続や遺贈によって財産を取得した者が被相続人の配偶者である場合には、配偶者の課税価格の内1億6,000万円までの部分に対応する税額に相当する金額をその配偶者の相続税額から控除する。この場合に、配偶者の税額軽減を受けることによって納付すべき相続税額が「0」となるときは、相続税の申告書

ハ　未成年者控除

　相続や遺贈によって財産を取得した者が、満20歳未満の相続人(相続の放棄があった場合には、その放棄がなかったものとした場合の相続人)である場合には、その者の相続税額から、6万円(平成27年1月1日〜10万円)に相続開始の日からその者が満20歳に達するまでの年数(その年数が1年未満であるとき又は1年未満の端数があるときはこれを1年とする。以下同じ)を乗じて計算した金額(未成年者控除額)を控除する。この場合に、未成年者控除額がその者の相続税額を超える場合には、その超える金額を、その者の扶養義務者の相続税額から控除することができる。

　ただし、過去に未成年者控除の適用を受けた者の控除額は、前回の控除不足額(6万円(平成27年1月1日〜10万円)に当初の相続開始の日からその者が満20歳に達するまでの年数を乗じて計算した金額からその者及びその扶養義務者が実際に控除を受けた未成年者控除の金額を控除した残額)の範囲内の金額とする。

ニ　障害者控除

　相続、遺贈や相続時精算課税に係る贈与によって財産を取得した者が、日本国内に住所を有する障害者で、かつ、相続人(相続の放棄があった場合にはその放棄がなかったものとした場合の相続人)である場合には、その者の相続税額から、6万円(平成27年1月1日〜10万円)に相続開始の日からその者が満85歳に達するまでの年数(その年数が1年未満であるとき又は1年未満の端数があるときはこれを1年とする)を乗じて計算した金額(障害者控除額)を控除する(特別障害者である場合には6万円に代えて12万円(平成27年1月1日〜10万円に代えて20万円)とする)。この場合に、障害者控除額がその者の相続税額を超える場合、及び、過去に障害者控除の適用を受けた者の控除額の取扱いについては未成年者控除に同様とされる。

ホ　相次相続控除

　今回の相続開始前10年以内に被相続人が相続、遺贈や相続時精算課税に係る贈与によって財産を取得し相続税が課されていた場合には、その被相続人から相続、遺贈や相続時精算課税に係る贈与によって財産を取得した者(相続人に

1　相続税及び贈与税の概要

限る）の相続税額から下記の控除額をする。

$$控除額 = A \times \frac{C}{B-A} \left[\frac{100}{100}を超える\frac{100}{100}ときは\right] \times \frac{D}{C} \times \frac{10-E}{10}$$

A：第2次相続に係る被相続人が第1次相続により取得した財産（当該第一次相続に係る被相続人からの贈与により取得した財産で相続時精算課税の適用を受けるものを含む。以下同じ）につき課せられた相続税額（相続時精算課税の適用を受ける財産につき課せられた贈与税があるときは、当該課せられた贈与税の税額（外国税額控除前の税額とし、延滞税、利子税、過少申告加算税、無申告加算税及び重加算税に相当する税額を除く）を控除した後の金額をいう）

B：第2次相続に係る被相続人が第1次相続により取得した財産の価額（債務控除をした後の金額）

C：第2次相続により相続人及び受遺者の全員が取得した財産の価額（債務控除をした後の金額）

D：第2次相続により当該控除対象者が取得した財産の価額（債務控除をした後の金額）

E：第1次相続開始の時から第2次相続開始の時までの期間に相当する年数（1年未満の端数は切捨て）

ヘ　外国税額控除

相続、遺贈や相続時精算課税に係る贈与によって外国にある財産を取得したため、その財産について外国で相続税に相当する税金が課された場合にはその者の相続税額から、外国において課された相続税に相当する税金の邦貨換算額と次に掲げる金額のうち、いずれか少ない金額を控除する。

$$相次相続控除後の税額 \times \frac{在外財産の価額^{(注)} - その財産に係る債務の額}{純資産価額 + 相続開始年の被相続人からの受贈財産価額}$$

(注) 相続開始年の被相続人からの受贈財産価額及び相続税精算課税適用財産を含む。

【相続時精算課税分の贈与税額控除】

相続時精算課税適用者に相続時精算課税適用財産について課せられた贈与税がある場合には、その者の相続税額（上記ヘまでの控除により赤字の場合は「0」となる）からその贈与税額（贈与税の外国税額控除前の税額）に相当す

第Ⅱ章　相続税・贈与税

る金額を控除する。

　なお、その金額を相続税額から控除する場合において、なお控除しきれない金額があるときは、その控除しきれない金額（相続時精算課税適用財産に係る贈与税について外国税額控除の適用を受けた場合には、その控除しきれない金額からその外国税額控除額を控除した残額）に相当する税額の還付を受けることができる。また、この税額の還付を受けるためには、相続税の申告書を提出しなければならない。

（5）　相続税の非課税財産
　　　　（死亡保険金及び死亡退職金の非課税限度額）

> Q　相続税の非課税財産にはどのようなものがありますか。

|死亡保険金の非課税（限度額）|

　被相続人の死亡によって取得した生命保険金や損害保険金で、その保険料の全部又は一部を被相続人が負担していたものは、相続税の課税対象（みなし相続財産）となるが、この死亡保険金の受取人が相続人（相続を放棄した者や相続権を失った者を除く）である場合には、全ての相続人が受け取った保険金の合計額のうち、非課税限度額（500万円×法定相続人の数(注)）までの金額には相続税は課税されない。なお、相続人以外の者が取得した死亡保険金には非課税の適用はない。

(注)　相続の放棄をした者がいても、その放棄がなかったものとした場合の相続人の数であり、また、法定相続人の中に養子がいる場合に、法定相続人の数に含める養子の数は、実子がいるときは1人、実子がいないときは2人までとする。

$$\text{非課税限度額} \times \frac{\text{その相続人が受け取った生命保険金の金額}}{\text{全ての相続人が受け取った生命保険金の合計額}}$$

【計算例】法定相続人（妻、子A、子B）、子Bは相続放棄
　死亡保険金の非課税限度額　500万円 × 法定相続人の数3人 = 1,500万円

(受取保険金)	(非課税金額)		(課税価格算入額)
妻　4,500万円 ⎫5,000	△1,350（＝1,500×4,500／5,000）	＝	150万円
子A　500万円 ⎭万円	△150（＝1,500× 500／5,000）	＝	350万円
子B1,000万円（相続放棄）	適用なし ──────────▶		1,000万円

88

1　相続税及び贈与税の概要

死亡退職金の非課税（限度額）

　相続人（相続を放棄した者や相続権を失った者を除く）が受け取った退職手当金等の合計額のうち、非課税限度額（500万円×法定相続人の数）までの金額には相続税は課税されない。その他の非課税限度額に関する事項も死亡保険金と同様である。

　被相続人の死亡によって、被相続人に支給されるべきであった退職手当金、功労金その他これらに準ずる給与（名目にかかわらず実質的に被相続人の退職手当金等として支給される金品をいい、現物で支給された場合も含む）を受け取る場合で、（死亡退職または生前に退職していて、支給される金額が）被相続人の死亡後3年以内に支給が確定したものは、相続財産とみなされて相続税の課税対象となる。

その他の非課税財産

　死亡保険金及び死亡退職金以外に下記の財産等にも相続税は課されない。

イ　墓地や墓石、仏壇、仏具、神を祭る道具など日常礼拝をしている物
ロ　宗教、慈善、学術、その他公益を目的とする事業を行う個人等が相続や遺贈によって取得した財産で公益目的事業に使われることが確実なもの
ハ　心身障害者共済制度に基づいて支給される給付金
ニ　相続税の申告期限までに国又は地方公共団体や公益を目的とする事業を行う特定の法人（公益法人、認定特定非営利活動法人等）に寄附したもの
ホ　相続税の申告期限までに特定公益信託の信託財産とする為に支出した金員

(6)　配偶者の税額の軽減

Q　相続税の配偶者の税額軽減とはどのような制度ですか。

　被相続人の配偶者が遺産分割や遺贈により実際に取得した正味の遺産額（課税価格）が、1億6,000万円以下である場合には、基本的に配偶者に相続税はかからない。具体的には、配偶者の算出相続税額から下記の算式により計算した金額を控除することができる。ただし、第2次相続を視野に入れると、第1

第Ⅱ章　相続税・贈与税

次相続において配偶者への相続比率を多くして本規定の適用を受けるよりも、遺産額や財産構成によっては、次世代（直系卑属）への相続財産を多くした方が有利となる場合もある（第Ⅳ章参照）。

（算式）　相続税の総額 × $\dfrac{\text{次のイ又はロのうちいずれか少ない方の金額}}{\text{課税価格の合計額}}$

イ　課税価格の合計額に配偶者の法定相続分を掛けて計算した金額又は１億6,000万円のいずれか多い方の金額

ロ　配偶者の課税価格（相続税の申告期限までに分割されていない財産の価額を除く）

申告要件等

相続税の申告書（または更正請求書）にこの規定の適用を受ける旨の記載がない場合には本控除の適用はない（記載のある申告書の提出が必要）。

未分割財産であっても、次のイ又はロに掲げる場合に該当することとなったときは、遺産分割が行われた日の翌日から４か月以内に更正の請求書を提出して、改めて配偶者の税額軽減の計算を行うことができる。

イ　相続税の申告期限後３年以内に財産が分割された場合

ロ　相続税の申告期限後３年を経過する日までに財産の分割ができないやむを得ない事情があり、税務署長の承認を受けた場合で、その事情がなくなった日の翌日から４か月以内に分割されたとき（税務署長の承認を受けようとする場合には、相続税の申告期限後３年を経過する日の翌日から２か月以内に、財産の分割ができないやむを得ない事情の詳細を記載した承認申請書を提出する必要がある）

2　財産の評価

(1)　財産評価基本通達に基づく財産の評価

> Q　相続財産及び贈与財産はどのように評価するのですか。

　相続税及び贈与税の算定にあたり、財産の評価は、原則として、財産評価基本通達に従って行う。相続税法は、相続、遺贈、又は贈与により取得した財産の価額は、原則として、当該財産の取得の時における時価によるものと規定している（相続税法22条）。また、時価については、財産評価基本通達において、課税時期（相続、遺贈若しくは贈与により財産を取得した日（若しくは取得したものとみなされた財産のその取得の日）において、それぞれの財産の現況に応じ、不特定多数の当事者間で自由な取引が行われる場合に通常成立すると認められる価額をいい、その価額は、財産評価基本通達の定めによって評価した価額によるものとされている（財産評価基本通達1（2））。

【財産評価基本通達に定められている主な財産の評価方式】

	評価方式（評価単位）
土地	宅地：路線価方式／倍率方式（利用単位ごとの1区画の宅地） 他の地目：倍率方式／比準方式（農地：1枚、他の地目：1筆）
家屋	固定資産税評価額（1棟の家屋ごと）
森林の立木	標準価額比準方式（樹種及び樹齢を同じくする1団地の立木）
たな卸商品	売価－（適正利潤＋予定経費＋消費税額）
一般動産	再調達価額（1個又は1組ごと）
上場株式	課税時期の最終価格及び前月以前3か月の最終価格の月平均額のいずれかのうち最も低い価額
取引相場のない株式	取得者の株式保有割合等に応じて、原則的評価方式か配当還元方式。原則的評価方式はさらに会社規模等に応じて、類似業種比準価額方式又は純資産価額方式若しくはその併用方式
預貯金	定期性預金：預入額＋既経過利子－源泉所得税額、他は預入額
書画骨董品	売買実例価額、精通者意見価格等参考して評価

貸付金債権	元本の価額＋課税時期現在に支払われるべき既経過利息の額
ゴルフ会員権	取引相場のある会員権：取引価格×70％＋預託金返還額その他 相場無＋株主：会員権に係る株式の通達に基づく評価額 相場無＋株主＋預託金：株式の価額＋預託金返還額その他 相場無＋預託金：預託金返還額＋返還までの期間の複利現価額

（2） 土地及び土地の上に存する権利の評価

Q　土地はどのように評価するのですか。

　土地の評価は、宅地、田、畑、山林、原野、雑種地等の地目別に、それら地目について定められている評価単位ごとに評価する。

　土地の上に存する権利の価額は、借地権、定期借地権等、耕作権、温泉権、賃借権（前記以外）、地上権、区分地上権、永小作権などの権利の別に評価する。

<u>宅地の評価</u>

　宅地の評価は、原則として市街地的形態を形成する地域にある宅地は、路線価方式、それ以外の宅地は倍率方式によって評価するが、その評価に際して用いられる地籍は、課税時期における実際の面積による。

　私道の用に供されている宅地は、不特定多数の者の通行の用に供されている場合には私道の価額を評価せず、それ以外の場合は、通常の宅地として評価した価額の100分の30に相当する価額によって評価する。

<u>広大地の評価</u>

　その地域における標準的な宅地の地積に比して著しく地積が広大な宅地(注1)で、建築等の用に供する目的で行う土地の区画形質の変更等を行うとした場合に公共公益的施設用地の負担(注2)が必要と認められる広大地（5,000㎡以下のものに限る。また、大規模工場用地に該当するもの及び中高層の集合住宅等の敷地用地に適しているもの(注3)は除く。）の価額は次に掲げる区分に従い、それぞれ次により計算した金額によって評価する。

イ　広大地が路線価地域に所在する場合

　　　広大地の価額＝広大地の面する路線の路線価×広大地補正率×地積

$$\text{広大地補正率} \quad 0.6 - 0.05 \times \frac{\text{広大地の面積}}{1,000\text{m}^2}$$

ロ 広大地が倍率地域に所在する場合

その広大地が標準的な間口距離及び奥行距離を有する宅地であるとした場合の1㎡当たりの価額を、上記イの算式における「広大地の面する路線の路線価」に置き換えて計算

【計算例】

23区内（路線価20万円、容積率200％）の800㎡の宅地で戸建分譲の開発に当たり道路用地の負担が必要となる場合

20万円 × (0.6 − 0.05 × $\frac{800}{1,000}$) × 800㎡ ＝ 8,960万円

（⇒通常の路線価評価額20万円 × 800㎡ ＝ 1億6,000万円）

(注1) 評価対象地が下記の面積基準以上であれば、原則として、その地域の標準的な宅地に比して著しく地積が広大であると判断することができる（ただし、その地域の標準的な宅地の地積と　同規模である場合を除く）。
　イ　市街化区域、非線引き都市計画区域及び準都市計画区域（ロに該当するものを除く）
　　ただし、都道府県等の条例により、開発許可面積基準を別に定めている場合はその面積による。
　　　市街化区域三大都市圏……………………………………500㎡
　　　市街化区域それ以外の地域………………………………1,000㎡
　　　非線引き都市計画区域及び準都市計画区域……………3,000㎡
　ロ　非線引き都市計画区域及び準都市計画区域のうち、用途地域が定められている区域……市街化区域に準じた面積
(注2) 道路、公園等の公共施設の用に供される土地及び教育施設、医療施設等の公益的施設の用に供される土地
(注3) その宅地について経済的に最も合理的であると認められる開発行為が中高層の集合住宅等を建築することを目的とするものであると認められるもの

宅地の上に存する権利の評価

宅地の上に存する権利の目的となっている宅地の評価は以下による。

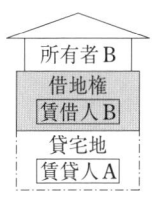

【借地権】

借地権（借地借家に規定する建物の所有を目的とする地上権または土地の賃借権）の価額は次の算式による。

第Ⅱ章　相続税・贈与税

借地権の評価額 ＝ 自用地の価額 × 借地権割合

（借地権の取引慣行がないと認められる地域の場合には借地権は評価しない）

【定期借地権】

定期借地権の価額は、原則として、課税時期において借地人に帰属する経済的利益及びその存続期間を基として評定した価額によって評価するが、課税上弊害がない場合には、次の算式によることができる。

$$自用地の価額 \times \frac{設定時の経済的利益の総額^{(注)}}{設定時の宅地の通常取引価額} \times \frac{残存期間年数の複利年金現価率}{設定期間年数の複利年金現価率}$$

(注)　次のイ、ロ、ハの合計金額
　イ　借地契約終了時に返還を要しない権利金等の金額
　ロ　保証金等相当額 A －（A ×設定期間年数の複利年金現価率）
　　　　－（A ×基準年利率未満の約定利率×設定期間年数の複利年金現価率）
　ハ　贈与を受けたと認められる差額地代がある場合の経済的利益の金額

【貸宅地（借地権など宅地上の権利の目的となっている土地）】

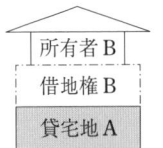

建物の所有を目的とする借地権等の権利の目的となっている宅地（底地）の価額は、自用地の評価額から（定期）借地権の価額を控除した金額となり、次の算式による。

貸宅地（借地権）の評価額 ＝ 自用地の価額 ×（1 － 借地権割合）

（借地権の取引慣行がないと認められる地域の場合には借地権割合を20％として評価）

貸宅地（定期借地権）の評価額＝自用地の価額－定期借地権の価額

ただし、上記により評価した金額が次の算式で求めた金額を上回る場合には、次の算式で求めた金額を定期借地権等の目的となっている宅地の評価額とする（一般定期借地権の場合を除く）。

自用地としての価額×（1－定期借地権等の残存期間に応じた割合）

(注)　定期借地権等の残存期間に応じた割合

残存期間が5年以下のもの	5％
残存期間が5年を超え10年以下のもの	10％
残存期間が10年を超え15年以下のもの	15％
残存期間が15年を超えるもの	20％

【貸家建付地】

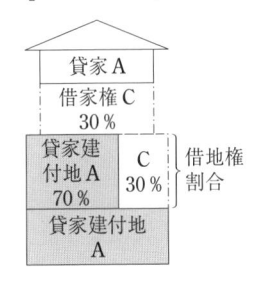

貸家の敷地の用に供されている宅地（貸家建付地）の価額は次の算式による。

自用地の価額×（1－借地権割合×借家割合）
　　　　　×賃貸割合

賃借割合は、その貸家に係る各独立部分がある場合に、その各独立部分の賃貸の状況に基づいて、次の算式により計算した割合

$$\frac{（イ）のうち課税時期において賃貸されている各独立部分の床面積の合計}{当該家屋の各独立部分の床面積の合計（イ）}$$

【貸家建付借地権等】

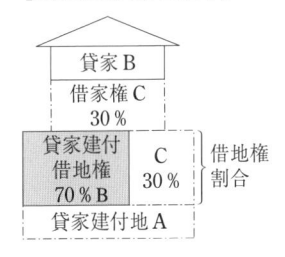

貸家の敷地の用に供されている借地権または定期借地権等（貸家建付借地権）の価額は次の算式による。

（定期）借地権価額×（1－借家権割合）
　　　　　×賃貸割合

【転借権】

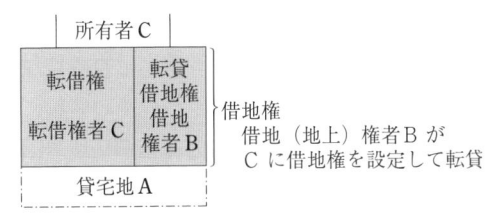

借地権者が設定している建物の所有を目的とする土地の賃借権である転借権の価額は次の算式による。

自用地の価額×借地権割合
　　　　　×借地権割合

【転貸借地権】

転貸されている借地権（転貸借地権）の価額は次の算式による。

自用地の価額×借地権割合×（1－借地権割合）

（3） 倍率方式による土地の評価

> Q　倍率方式とはどのような評価方法ですか。

　倍率方式とは、原則として、その宅地の固定資産税評価額に「評価倍率表」で定める倍率を乗じて計算する方法である。

評価倍率表

町（丁目）又は大字名	固定資産税評価額に乗ずる倍率等					
	宅地	田	畑	山林	原野	雑種地
○○	倍	倍	倍	倍	倍	倍
△△	路線	比準	比準	比準		
××	路線	比準	比準	比準		
□□	1.1	純13	純25			
◇◇	(1.1)	純11	純20	純22	純24	

（固定資産税評価額）
1,200万円
× 1.1 （倍率）
= 1,320万円

（4） 路線価方式による宅地の評価

> Q　路線価方式とはどのような評価方法ですか。

　路線価方式とは、その宅地の面する路線に付された路線価を基とし、当該路線価にその宅地の形状や所在地の特性に応じて財産評価基本通達に定められた各種補正率等を考慮して、その宅地の1㎡当たりの価額を算定し、その価額に地積を乗じてその宅地の評価額を算定する方式である。

路線価方式による宅地の評価額＝路線価（1㎡当たり）×各種補正率×地積

　路線価方式により評価する地域については、宅地の利用状況等に応じて、各地区（ビル街、高度商業、繁華街、普通商業・併用住宅、普通住宅、中小工場、大工場地区）が定められており、各地区の区分に応じて、各種補正率が定められているほか、路線価図において、地区ごとの借地権割合が示されている。

2 財産の評価

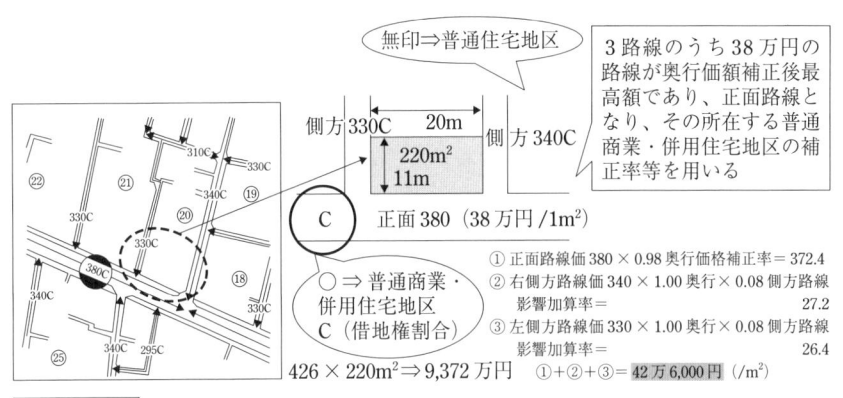

[図: 路線価図]

無印⇒普通住宅地区

側方 330C 20m 側方 340C
220m² 11m

3路線のうち38万円の路線が奥行価額補正後最高額であり、正面路線となり、その所在する普通商業・併用住宅地区の補正率等を用いる

正面 380（38万円／1m²）

○⇒普通商業・併用住宅地区
C（借地権割合）

① 正面路線価 380 × 0.98 奥行価格補正率 ＝ 372.4
② 右側方路線価 340 × 1.00 奥行 × 0.08 側方路線影響加算率 ＝ 27.2
③ 左側方路線価 330 × 1.00 奥行 × 0.08 側方路線影響加算率 ＝ 26.4

426 × 220m² ⇒ 9,372万円　①＋②＋③＝ **42万6,000円** （／m²）

各種補正等

【イ　奥行価格補正】

一方のみが路線に接する宅地の価額は、路線価にその宅地の奥行距離に応じて奥行価格補正率を乗じて求めた価額に地積を乗じた価額により評価する。

【ロ　側方路線影響加算】

正面と側方に路線がある宅地（角地）の価額は、奥行価格補正後の1㎡当たり価のいずれか高い方の正面路線の価額とその低い方の側方路線の価額に側方路線影響加算率を乗じて計算した価額の合計額（正面路線価＋側方路線価×側方路線影響加算率）に地積を乗じた価額により評価する。

【ハ　二方路線影響加算】

正面と裏面に路線がある宅地の価額は、路線価のいずれか高い方の正面路線の価額とその低い方の裏面路線の価額に二方路線影響加算率を乗じて計算した価額の合計額（正面路線価＋裏面路線価×二方路線影響加算率）に地積を乗じた価額により評価する。

【ニ　三方又は四方路線影響加算】

三方又は四方に路線がある宅地の価額は、上記イ、ロ及びハの方法を併用して計算したその宅地の価額に地積を乗じた価額により評価する。

【ホ　不整形地補正】

不整形地の価額は、財産評価基本通達20で定める4つの計算方法のいずれかにより、上記イからホまでの定めによって計算した価額に、その不整形の程度、位置及び地積の大小に応じ定められている不整形地補正率を乗じて計算したそ

の宅地の価額に地積を乗じた価額により評価する。

【ヘ　無道路地の評価】

無道路地の価額は、実際に利用している路線の路線価に基づき、上記ホの不整形地の定めによって計算した価額からその価額の100分の40の範囲において相当と認める金額を控除した価額によって評価する。

【ト　間口狭小又は奥行長大な宅地の補正】

間口狭小又は奥行長大な宅地（不整形地及び無道路地を除く）の評価は、上記イにより間口狭小補正率又は奥行長大補正率を乗じて計算したその宅地の価額に地積を乗じた価額により評価する。

【チ　がけ地補正】

がけ地で通常の用途に供することができないと認められる部分を有する宅地の価額は、通常の評価額にがけ地補正率を乗じた価額により評価する。

宅地の評価単位

宅地の評価に当たっては、1画地の宅地を具体的に次のように判定する。

なお、相続、遺贈又は贈与により取得した宅地については、原則として、取得者が取得した宅地ごとに判定するが、宅地の分割が親族間等で行われた場合において、例えば、分割後の画地が宅地として通常の用途に供することができないなど、その分割が著しく不合理であると認められるときは、その分割前の画地を「1画地の宅地」とする。

　イ　所有する宅地を自ら使用している場合には、居住の用か事業の用かにかかわらず、その全体を1画地の宅地とする。

　ロ　所有する宅地の一部について借地権を設定させ、他の部分を自己が使用している場合又は貸家の敷地の用に供している場合には、それぞれの部分を1画地の宅地とする。一部を貸家の敷地、他の部分を自己が使用している場合にも同様とする。

　ハ　借地権の目的となっている宅地を評価する場合において、貸付先が複数であるときには、同一人に貸し付けられている部分ごとに1画地の宅地とする。

　ニ　貸家建付地を評価する場合において、貸家が数棟あるときには、原則として、各棟の敷地ごとに1画地の宅地とする。

ホ 2以上の者から隣接している土地を借りてこれを一体として利用している場合には、その借主の借地権の評価に当たっては、その全体を1画地として評価する。この場合、貸主側の貸宅地の評価に当たっては、各貸主の所有する部分ごとに区分して、それぞれを1画地の宅地として評価する。

ヘ 共同ビルの敷地の用に供されている宅地は、その全体を1画地の宅地として評価する。例えば、甲、乙、丙及び丁の各人が所有する土地の上にある共同ビルの場合には、土地全体を1画地の宅地として評価した価額に、甲、乙、丙及び丁の有するそれぞれの土地の価額の比を乗じた金額により評価する。

ト 所有する宅地の一部を自己が使用し、他の部分を使用貸借により貸し付けている場合には、その全体を1画地の宅地として評価する。また、自己の所有する宅地に隣接する宅地を使用貸借により借り受け、自己の所有する宅地と一体として利用している場合であっても、所有する土地のみを1画地の宅地として評価する。

(5) 取引相場のない株式の評価

Q　取引相場のない株式はどのように評価するのですか。

上場株式等の取引相場を有する株式は、財産評価基本通達で規定するところの時価、すなわち、不特定多数の当事者間で自由な取引が行われる場合に通常成立すると認められる価額が取引相場その他によって評価可能であるが、非公開会社は自社株の譲渡制限を定款に定めていることから、時価の前提とされる不特定多数者間の取引は存在しえないことになる。そこで、通達は、取引相場のない株式（上場株式、登録銘柄、店頭管理銘柄及び公開途上にある株式以外の株式をいう）の評価につき、基本的に2つの評価方式、すなわち、類似する業種の上場会社の平均株価に評価会社の利益、配当、そして、純資産の3要素を比準して株価を評価する類似業種比準方式、そして、評価会社の相続税評価額による1株当たりの純資産額方式を定め、原則として、取引相場のない会社を会社規模により、公開会社の実態に近い大会社については前者の類似業種比

準方式により、個人事業にその実態が近い小会社については、後者の1株当たりの純資産価額方式により、また、その両者の中間的規模の中会社については、両方式の折衷方式により評価することとしている。

ただし、相続や贈与などで株式を取得した株主が、その株式を発行した会社の経営支配力を持っている同族株主以外の株主等の場合には、上記の原則的評価方式に代えて、特例的な評価方式の配当還元方式により評価する。

その他、原則的評価方式で評価すべき場合であっても、評価会社が特定の評価会社（比準要素1の会社、株式保有特定会社、土地保有特定会社、開業後3年未満の会社等、開業前又は休業中の会社、そして、清算中の会社の6形態の会社）に該当する場合には、それら会社に適した評価方法として、それら評価会社ごとに定められている評価方式で評価する。

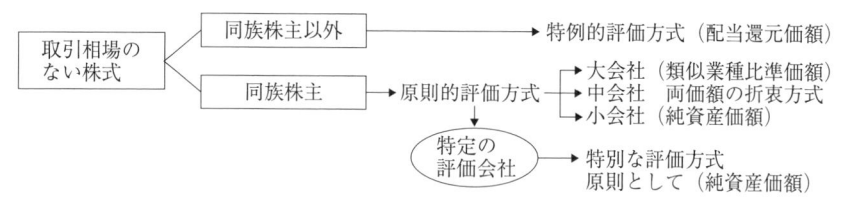

```
取引相場の　　　同族株主以外　　　　　　→　特例的評価方式（配当還元価額）
ない株式
　　　　　　　　同族株主　　→　原則的評価方式　→　大会社（類似業種比準価額）
　　　　　　　　　　　　　　　　　　　　　　　　　中会社　両価額の折衷方式
　　　　　　　　　　　　　　　　　　　　　　　　　小会社（純資産価額）
　　　　　　　　　　　　　　　　特定の　　　　→　特別な評価方式
　　　　　　　　　　　　　　　　評価会社　　　　　原則として（純資産価額）
```

原則的評価方式は、基本的な評価方式に代えて、選択により、代替的評価方法、例えば、大会社の場合には1株当たりの純資産方式を選択することもできるが、一般的に、会社規模にかかわらず、内部留保の多い会社ほど純資産価額は高いため、類似業種比準方式を選択した方が有利となることが多い。

配当還元価額

配当還元方式は、同族株主以外の株主等が取得した株式を評価する際に用いられる評価方法である。同族株主以外の株主は経営支配目的ではなく配当を期待して株式を保有しているものと考えられるため、その株式を所有することによって受け取る1年間の配当金額を、一定の利率（10％）で還元して元本である株式の価額とする評価方法であり、この配当還元価額は通常、原則的評価方式よりも低い評価額となる。事業承継は、そもそも、株式の移転によって経営権を後継者に承継させることを本質とするものであり、配当還元価額により株式の評価を行うことは予定されていない。

配当還元価額は、次の算式により算定される。

ただし、配当還元価額が原則的評価方式による評価額を超える場合には、株式の評価額は、原則的評価方式による評価額となる。

【算式】 $\dfrac{その株式に係る年配当金額^{(注)}}{10\%} \times \dfrac{その株式1株当たりの資本金の額}{50円}$

(注) $\dfrac{直前期末以前2年間におけるその会社の剰余金の配当金額の合計額の2分の1}{1株当たりの資本金等の額を50円として計算した直前期末の発行済株式数}$

　　ただし、この金額が2円50銭未満及び無配の場合には、2円50銭とする。
　　また、分子の金額からは特別配当、記念配当等の名称による配当金額のうち、将来毎期継続することが予想できない金額を除く。

【同族株主以外の株主】

配当還元方式で評価する同族株主以外の株主等とは以下の株主をいう。

同族株主のいる会社	同族株主^(注1)以外の株主	
	上記以外	中心的な同族株主^(注2)が存在する場合で、 (同族株主のうち)中心的な同族株主以外の株主で、 その者の株式取得後の議決権割合が5％未満であるもので、 課税時期に役員である者及び法定申告期限までに役員となる者以外
同族株主のいない会社	議決権割合の合計が15％未満の株主グループに属する株主	
	上記以外	中心的な株主^(注3)が存在する場合で、 (議決権割合の合計が15％以上の株主グループに属する株主のうち) その者の株式取得後の議決権割合が5％未満であるもので、 課税時期に役員である者及び法定申告期限までに役員となる者以外

(注1) 「同族株主」とは、課税時期における株主のうち、株主の1人及びその同族関係者の有する議決権割合が30％以上(議決権割合が最も多いグループのその議決権割合が50％超である会社にあっては、50％超)である場合におけるその株主及びその同族関係者をいう。

(注2) 「中心的な同族株主」とは、課税時期において同族株主の1人並びにその株主の配偶者、直系血族、兄弟姉妹及び1親等の姻族(これらの者の同族関係者である会社のうち、これらの者が有する議決権の合計数がその会社の議決権総数の25％以上である会社を含む)の有する議決権割合が25％以上である場合におけるその株主をいう。

(注3) 「中心的な株主」とは、課税時期において株主の1人及びその同族関係者の有する議決権の割合が15％以上である株主グループのうち、いずれかのグループに単独でその会社の議決権総数の10％以上の議決権を有している株主がいる場合におけるその株主をいう。

第Ⅱ章　相続税・贈与税

原則的評価方式

　原則的評価方式は、評価会社を大会社、中会社、又は小会社に区分し、さらに、中会社を大規模、中規模又は、小規模な中会社に区分して評価方法を定めているが、会社規模が大きなほど類似業種比準価額の斟酌割合が高い。

大会社	類似業種比準価額	
	1株当たりの純資産価額（相続税評価額による。以下同じ）	
中会社	大	類似業種比準価額 × 0.90 ＋ 1株当たりの純資産価額 × 0.10
		1株当たりの純資産価額 × 0.90 ＋ 1株当たりの純資産価額 × 0.10
	中	類似業種比準価額 × 0.75 ＋ 1株当たりの純資産価額 × 0.25
		1株当たりの純資産価額 × 0.75 ＋ 1株当たりの純資産価額 × 0.25
	小	類似業種比準価額 × 0.60 ＋ 1株当たりの純資産価額 × 0.40
		1株当たりの純資産価額 × 0.60 ＋ 1株当たりの純資産価額 × 0.40
小会社	1株当たりの純資産価額	
	類似業種比準価額 × 0.5 ＋ 1株当たりの純資産価額 × 0.5	

太字が原則的評価方法、
■の1株当たりの純資産額は株式の取得者とその同族関係者の有する議決権割合が50％以下である場合には、その価額に100分の80を乗じて計算した金額とする。

【大会社・中会社・小会社の判定】

　会社区分の判定は、まず、従業員数を基準にし、100人以上である場には大会社とされる。100人未満の会社は、下記の3業種区分ごとに定められている年取引金額、及び従業員数並びに総資産価額の3つの基準に従い判定するが、この場合の総資産価額は帳簿価額による。

　会社区分は、評価方式を決定する基準であるため、取引相場のない株式を評価するに当たり重要な一要素となる。類似業種比準価額の方が純資産価額より低いのであれば、より規模の大きい会社区分となれば評価額も下がる。

　年取引金額、及び従業員数並びに総資産価額を増加させることができれば、会社規模を引上げることは可能である。例えば、新たに借入をして調達資金を預金することで総資産価額を増加させること、従業員を増やすことで会社規模は引き上がる。また、単純に、他の会社を吸収合併して、これら3基準を増加させることは可能となるが、合併事業年度及びその翌事業年度内のいずれかの日が課税時期となるときは、類似業種比準方式の適用が制限される可能性があ

2 財産の評価

り、その場合には、原則として、純資産価額方式が適用されることとなるため、注意が必要となる。

従業員100人以上の会社は大会社、100人未満の会社は下記社区分となる。

〈卸売業〉

従業員数 総資産価額 （帳簿価額）	取引金額				
	2億円未満	2億円以上 25億円未満	25億円以上 50億円未満	50億円以上 80億円未満	80億円以上
5人以下 または 7,000万円未満	小会社	中会社 （小規模） 0.60	中会社 （中規模） 0.75	中会社 （大規模） 0.90	大会社
5人超30人未満					
7,000万円以上 7億円未満					
30人超50人未満					
7億円以上 14億円未満					
50人超100人未満					
14億円以上 20億円未満					
50人超100人未満					
20億円以上					

〈小売・サービス業〉

取引金額 上記に同じ	6,000万円未満	6,000万円以上 6億円未満	6億円以上 12億円未満	12億円以上 20億円未満	20億円以上
5人以下 または 4,000万円未満	小会社	中会社 （小規模） 0.60	中会社 （中規模） 0.75	中会社 （大規模） 0.90	
5人超30人未満					
4,000万円以上 4億円未満					
30人超50人未満					
4億円以上 7億円未満					

	50人超100人未満					大会社
	7億円以上 10億円未満					
	50人超100人未満					
	10億円以上					

〈上記以外の業種〉

上記に同じ	8,000万円未満	8,000万円以上 6億円未満	7億円以上 14億円未満	14億円以上 20億円未満	20億円以上
5人以下 または 5,000万円未満	小会社	中会社 (小規模) 0.60	中会社 (中規模) 0.75	中会社 (大規模) 0.90	大会社
5人超30人未満					
5,000万円以上 4億円未満					
30人超50人未満					
4億円以上 7億円未満					
50人超100人未満					
7億円以上 10億円未満					
50人超100人未満					
10億円以上					

1株当たりの純資産価額

　1株当たりの純資産価額は、課税時期における各資産の相続税評価額の合計額から各負債の金額の合計額及び評価差額に対する法人税額等に相当する金額を控除した金額を課税時期における発行済株式数（自己株式を除く）で除して計算した金額である。

$$\frac{各資産の相続税評価額の合計額 - 負債の合計額 - 評価差額に対する法人税額相当額}{課税時期における発行済株式総数（自己株式を除く）}$$

　各資産の相続税評価額は、課税時期現在の貸借対照表を基礎として、各資産を財産評価基本通達に従って評価するが、前払費用や繰延資産といった財産性のない資産は計算から除外し、逆に、帳簿上計上されていない営業権等の無体

財産権などや評価会社が取得する被相続人の死亡保険金などは含めて計算する。また、評価会社が課税時期前３年以内に取得又は新築した土地及び土地の上に存する権利並びに家屋及びその附属設備又は構築物の価額は、相続税評価額によるのではなく、課税時期における通常の取引価額に相当する金額によって評価する。

同様に、各負債の金額の合計額からは、債務性のない各種引当金および準備金などは除き、課税時期までに対応する期間に対応する法人税額等や支払の確定した未納の公租公課などはその計算に含める。

評価差額に対する法人税額等相当額は、相続税評価額による純資産額から帳簿価額による純資産額を控除した残額に42％を乗じた金額である。

ただし、評価会社の資産のうちに取引相場のない株式がある場合において、当該株式の評価に当たり、純資産価額を算定するに際しては、評価差額に対する法人税額相当額は控除しない。

純資産価額方式は、会社の業績等を考慮せずに、会社の財産価値のみによって株価を評価する方法であり、単純に、内部留保利益が社外流出すれば純資産価額は下がることになる。例えば、役員退職金を支給すれば、多額の資金の社外流出を伴うため、純資産価額を減少させることができる。また、資金流出を伴わなくとも、債務の負担を増やせば、例えば、債務超過に陥っている子会社を吸収合併させることによっても、さらには、含み損のある資産の売却により未実現損失を現実化させることでも純資産価額を減少させることは可能である。その他、賃貸不動産を取得した場合にも、相続税評価額による建家貸付地評価及び貸家評価がなされ、通常の取引価額に比べて２〜３割程度評価が下がるため、取得資金と当該評価額との差額部分の純資産価額が減少することになる。

<u>類似業種比準価額</u>

類似業種比準価額は、上場会社の類似業種の平均株価（A）に、評価会社の年利益金額、１株当たりの配当金額及び純資産価額（帳簿価額）を比準要素とし、年利益金額の比準割合を３倍として算定した平均比準割合を乗じ、さらに、会社区分に応じ、大会社は0.7、中会社は0.6、小会社は0.5の割合を乗じて会社規模による斟酌率の調整を加えた比準価額を取引相場のない会社の株式の評価額とする方法であり、次の算式によって計算する。

$$A \times \left[\cfrac{\cfrac{Ⓑ}{B} + \cfrac{Ⓒ}{C} \times 3 + \cfrac{Ⓓ}{D}}{5} \right] \times 0.7$$

(注1) 左記Ⓑ Ⓒ及びⒹの金額は1株当たりの資本金等の額を50円として計算した場合の金額。
(注2) 算式中の「0.7」は大会社の場合で、中会社の場合は「0.6」、小会社の場合は「0.5」とする。
(注3) Ⓒの金額がゼロの場合には、括弧内の分母の「5」は、「3」とする。

A：類似業種の株価
（類似業種の前年平均株価と課税時期の属する月以前3か月の各月の類似業種の株価のうち最も低い株価）

B：課税時期の属する年の類似業種の1株当たりの配当金額

C：課税時期の属する年の類似業種の1株当たりの年利益金額

D：課税時期の属する年の類似業種の1株当たりの純資産価額（帳簿価額）

Ⓑ：評価会社の1株当たりの配当金額
（直前期末以前2年間におけるその会社の剰余金の配当金額（臨時的な配当金額を除く）の合計額の2分の1に相当する金額を、直前期末における発行済株式数で除して計算した金額）

Ⓒ：評価会社の1株当たりの利益金額
（直前期末以前1年間における法人税の課税所得金額（非経常的な利益の金額を除く）に、その所得の計算上益金に算入されなかった剰余金の配当等の金額及び損金に算入された繰越欠損金の控除額を加算した金額（その金額が負数のときは、0とする）を、直前期末における発行済株式数で除して計算した金額とする。ただし、納税義務者の選択により、直前期末以前2年間の各事業年度について、それぞれ法人税の課税所得金額を基とし上記に準じて計算した金額の合計額（その合計額が負数のときは、0とする）の2分の1に相当する金額を直前期末における発行済株式数で除して計算した金額とすることができる）

Ⓓ：評価会社の1株当たりの純資産価額（帳簿価額）
（直前期末における資本金等の額及び利益積立金額に相当する金額の合計額を直前期末における発行済株式数で除して計算した金額）

【類似業種と評価会社の業種目】

類似業種は、大分類、中分類及び小分類に区分して定める業種（以下「業種目」とする）のうち、評価会社の事業が該当する業種目とし、その業種目が小

分類に区分されているものにあっては小分類による業種目、小分類に区分されていない中分類のものにあっては中分類の業種目による。ただし、選択により、類似業種が小分類による業種目にあってはその業種目の属する中分類の業種目、類似業種が中分類による業種目にあってはその業種目の属する大分類の業種目を、それぞれ類似業種とすることができる。

また、評価会社の業種目は、会社区分の基準となった取引金額に基づいて判定した業種目とする。なお、当該取引金額のうちに2以上の業種目に係る取引金額が含まれている場合の当該評価会社の事業が該当する業種目は、取引金額全体のうちに占める業種目別の取引金額の割合（以下「業種目別の割合」とする）が50％を超える業種目とし、その割合が50％を超える業種目がない場合は、次に掲げる場合に応じたそれぞれの業種目とする。

  イ　評価会社の事業が一つの中分類の業種目中の2以上の類似する小分類の業種目に属し、それらの業種目別の割合の合計が50％を超える場合

　　その中分類の中にある類似する小分類の「その他の○○業」

  ロ　評価会社の事業が一つの中分類の業種目中の2以上の類似しない小分類の業種目に属し、それらの業種目別の割合の合計が50％を超える場合（イに該当する場合を除く）

　　その中分類の業種目

  ハ　評価会社の事業が一つの大分類の業種目中の2以上の類似する中分類の業種目に属し、それらの業種目別の割合の合計が50％を超える場合

　　その大分類の中にある類似する中分類の「その他の○○業」

  ニ　評価会社の事業が一つの大分類の業種目中の2以上の類似しない中分類の業種目に属し、それらの業種目別の割合の合計が50％を超える場合（ハに該当する場合を除く）

　　その大分類の業種目

  ホ　イからニのいずれにも該当しない場合

　　大分類の業種目の中の「その他の産業」

【類似業種価額を変動させる要素】

  イ　類似業種の選定

　類似業種比準価額の算定に当たり最も影響の高い要素は類似業種の株価であ

り、類似業種の業種目の選定が重要となる。類似業種の業種目及び平均株価並びに比準要素などは国税庁が公表している「類似業種比準価額計算上の業種目及び業種目別株価等」によるが、この業種目区分は総務省が統計委員会を通じて公表する「日本標準産業分類」に基づいて定められている。評価会社の事業が如何なる業種目に該当するかを判断することは、産業分類に示されている業種を明確に営んでいると認められる場合には、業種目の選定も単純かつ確定的である半面、そうでない場合には、如何なる業種目を選択するかで類似業種の株価も相当に異なる可能性があるため、慎重な判断を要する。また、株式の移転時期についても、公表される類似業種の株価動向等を考慮することにより、株価の引下げも可能となる。

　ロ　比準要素

　類似業種比準価額の計算は、比準割合が下がれば、株価も下がる算式になっているので、株価は、比準要素である評価会社の1株当たりの配当金額、年利益金額及び純資産価額に連動する。なかでも、年利益金額はそれを3倍するため比準割合の算定に及ぼす影響は高い。この年利益金額及び純資産価額については発行済株式総数が増加すれば自ずとそれらの金額は下がる。また、純資産価額は自己株式を保有することでも低下する。すなわち、自己株式は純資産の控除項目である一方、比準要素の純資産価額の算定の際しては発行済株式総数を構成するので、自己株式の取得金額分だけ1株当たりの純資産価額は下がることになる。そして、配当金額については無配とするのが効果的である。ただし、これら比準要素のうち2要素がゼロの場合には下記の「比準要素1の会社」に、3要素ともゼロの場合には「開業後3年未満の会社等」に該当し、原則として純資産価額方式の評価となるので注意を要する。

特定の評価会社の株式の評価

　特定の評価会社の株式とは、評価会社の資産の保有状況、営業の状態等に応じて定めた次に掲げる評価会社の株式をいい、その株式の価額は、原則的評価方式によらず、その特定の評価会社ごとに定められた方法による。

　なお評価会社が、以下の株式保有特定会社か土地保有特定会社に該当するかどうかを判定する場合において、課税時期前において合理的な理由もなく評価会社の資産構成に変動があり、その変動がそれら特定会社に該当する評価会社

と判定されることを免れるためのものと認められるときは、その変動はなかったものとして当該判定がなされるので、注意を要する。

【比準要素数1の会社の株式】 ⇒ 1株当たりの 純資産価額

（選択により、類似業種比準価額×0.25＋ 純資産価額 ^(注) ×0.75　も可能）

(注)　　の純資産価額は、取得者及びその同族関係者の議決権割合の合計が50％以下の場合には、「純資産価額×0.8」とする。以下同じ。

　比準要素数1の会社とは、比準要素の「1株当たりの配当金額」、「1株当たりの利益金額」及び「1株当たりの純資産価額」のそれぞれの金額のうち、いずれか2つがゼロであり、かつ、直前々期末を基準にしてこれら比準要素の金額を計算した場合にも、それぞれの金額のうち、いずれか2以上がゼロである評価会社（下記のいずれかの特定の評価会社に該当するものを除く）をいう。

【株式保有特定会社の株式】 ⇒ 1株当たりの 純資産価額

（選択により、「S1の金額」^(注1)＋「S2の金額」^(注2)　も可能）

　株式保有特定会社とは、課税時期において評価会社の有する各資産を相続税評価額により評価した価額の合計額のうちに占める株式及び出資の価額の合計額の割合が50％以上である評価会社（下記のいずれかの特定の評価会社に該当するものを除く）をいう。

(注1)　「S1の金額」は、株式保有特定会社の資産に株式等が含まれないものとして計算した1株当たりの純資産価額、又は、配当金収入がなかったものとして計算した類似業種比準価額を基礎として算定した原則的評価方式による評価額

(注2)　「S2の金額」は、下記のそれぞれの場合に応じそれぞれの算式で計算した金額

イ：株式等の価額の合計額（相続税評価額）＞ロ：株式等の価額の合計額（帳簿価額）

$$\frac{イ －（イ － ロ）\times 42\%}{発行済株式総数}$$

イ ≦ ロ

$$\frac{イ}{発行済株式総数}$$

【土地保有特定会社の株式】 ⇒ 1株当たりの 純資産価額

　土地保有特定会社とは、課税時期において評価会社の有する各資産を相続税評価額により評価した価額の合計額のうちに占める土地等の価額の合計額の割合が大会社（小会社のうち、総資産価額が卸売業にあっては20億円以上、卸売業以外に該当する場合には10億円以上の会社を含む）にあっては70％以上である会社、中会社（小会社のうち、総資産価額が卸売業にあっては7,000万円以

上20億円未満、小売・サービス業に該当する場合には4,000万円以上10億円未満、卸売業、小売・サービス業以外に該当する場合には5,000万円以上10億円未満の会社を含む）にあっては90％以上である会社（下記のいずれかの特定の評価会社に該当するものを除く）をいう。

【開業後3年未満の会社等の株式】⇒1株当たりの 純資産価額

　開業後3年未満の会社等とは、課税時期において開業後3年未満である会社、及び、比準要素の「1株当たりの配当金額」、「1株当たりの利益金額」及び「1株当たりの純資産価額」のそれぞれの金額がいずれもゼロである会社（下記のいずれかの特定の評価会社に該当するものを除く）をいう。

【開業前又は休業中の会社の株式】⇒1株当たりの 純資産価額
【清算中の会社の株式】⇒1株当たりの 純資産価額

3 小規模宅地等の評価減

(1) 小規模宅地等についての相続税の課税価格の計算の特例制度

Q　小規模宅地の評価減の特例とはどのような制度ですか。

　親族が、相続又は遺贈により取得した財産のうち、その相続の開始の直前において被相続人等の事業の用に供されていた宅地等又は被相続人等の居住の用に供されていた宅地等のうち、一定の選択をしたもので限度面積までの部分（以下「小規模宅地等」とする）については、相続税の課税価格に算入すべき価額の計算上、一定の割合が減額される。ただし、相続開始前3年以内に贈与により取得した宅地等や相続時精算課税に係る贈与により取得した宅地等については、この特例の適用を受けることはできない。

　また、この特例は、相続税の申告期限までに共同相続人又は包括受遺者によって分割されていない宅地等については適用されない。ただし、その分割されていない宅地等がその申告期限から3年以内に分割された場合には、その分割が行われた日の翌日から4か月以内に更正の請求書を提出することにより、この特例を受けることができるようになる。

【減額される割合】

　次の表に掲げる区分ごとに一定の割合が減額される。

相続開始の直前における宅地等の利用区分			要件		限度面積	減額割合
被相続人等の事業用宅地等	貸付事業以外の事業用の宅地等		①	特定事業用宅地等に該当する宅地等	400㎡	80%
	貸付事業用の宅地等 (注1)	一定の法人に貸し付けられ、その法人の事業（貸付事業を除く）用の宅地等	②	特定同族会社事業用宅地等に該当する宅地等	400㎡	80%
			③	貸付事業用宅地等に該当する宅地等	200㎡	50%

一定の法人に貸し付けられ、その法人の貸付事業用の宅地等	④	貸付事業用宅地等に該当する宅地等	200㎡	50%
被相続人等の貸付事業用の宅地等	⑤	貸付事業用宅地等に該当する宅地等	200㎡	50%
被相続人等の居住の用に供されていた宅地等	⑥	特定居住用宅地等に該当する宅地等(注2)	(240㎡) 330㎡	80%

(注1)「貸付事業」とは、「不動産貸付業」、「駐車場業」、「自転車駐車場業」及び事業と称するに至らない不動産の貸付けその他これに類する行為で相当の対価を得て継続的に行う「準事業」をいう。

(注2) 特定居住用宅地等の限度面積は、平成27年1月1日以降に相続又は遺贈により取得する財産に係る相続税について、330㎡まで拡充される。

【限度面積】

限度面積については、特定事業用宅地等、特定同族会社事業用宅地等、特定居住用宅地等及び貸付事業用宅地等のうちいずれか2以上について、この特例の適用を受けようとする場合は、次の算式を満たす面積がそれぞれの宅地等の限度面積になる。

$$(A \times 200/400) + (B \times 200/330) + C \leq 200㎡$$

ただし、選択する宅地等の全てが特定事業用宅地等特定と居住用宅地等である場合(貸付事業用を非適用)の場合には、$A \leq 400㎡ + B \leq 330㎡$まで可(平成26年12月31日までの相続の場合 $A + (B \times 5/3) + (C \times 2) \leq 400㎡$のみ)

A:特定事業用宅地等と特定同族会社事業用宅地等の面積の合計(①+②)
B:特定居住用宅地等の面積の合計(⑥)
C:貸付事業用宅地等の面積の合計(③+④+⑤)

【手続要件】

この特例を受けるためには、相続税の申告書にこの特例の適用を受ける旨その他所定の事項を記載しなければならない。このため、この特例を適用することによって、相続税の課税価格の合計が基礎控除額以下となる場合には、相続税の申告をしなければならない。

この特例の対象となり得る宅地等を取得した相続人等が2人以上いる場合には、この特例の適用を受けようとする宅地等の選択についてその全員が同意し

3 小規模宅地等の評価減

ていることが必要となる。

(2) 特定事業用宅地等・特定同族会社事業用宅地等

> Q 特例の対象となる事業用の宅地とはどのようなものですか。

【特定事業用宅地等】

　特定事業用宅地等とは、相続開始の直前において被相続人等の事業（貸付事業を除く。以下同じ）の用に供されていた宅地等で、次の表の区分に応じ、それぞれに掲げる要件の全てに該当する被相続人の親族が相続又は遺贈により取得したもの（要件に該当する被相続人の親族が相続又は遺贈により取得した持分の割合に応ずる部分に限る）をいい、この被相続人等の事業の用に供されていた宅地等とは、被相続人等の事業の用に供されていた建物等で、被相続人等が所有していたもの又は被相続人の親族（被相続人と生計を一にしていたその被相続人の親族を除く）が所有していたもの（被相続人等が当該建物等を当該親族から無償（相当の対価に至らない程度の対価の授受がある場合を含む）で借り受けていた場合における当該建物等に限る）の敷地の用に供されていたものをいう。また、平成19年9月30日以前に被相続人又は被相続人の相続人と旧日本郵政公社との間の賃貸借契約に基づき郵便局舎の敷地の用に供されていた宅地等で、その宅地等を取得した相続人がその宅地等を相続開始の日以後5年以上郵便局舎の敷地の用に供する見込みである宅地等も特定事業用宅地等に該当するものとされる。

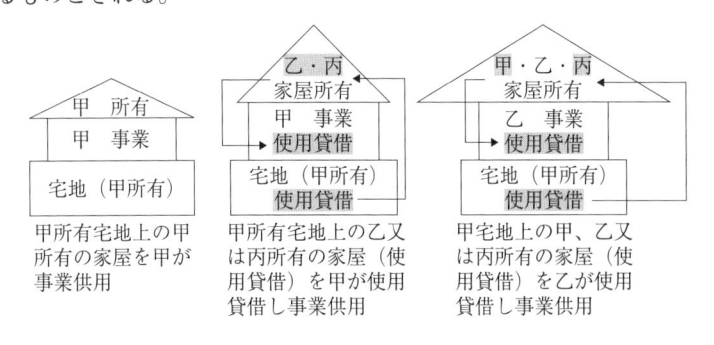

甲所有宅地上の甲所有の家屋を甲が事業供用

甲所有宅地上の乙又は丙所有の家屋（使用貸借）を甲が使用貸借し事業供用

甲宅地上の甲、乙又は丙所有の家屋（使用貸借）を乙が使用貸借し事業供用

区分	特例の適用要件	
被相続人の事業の用に供されていた宅地等	事業承継要件	その宅地等の上で営まれていた被相続人の事業を相続税の申告期限までに引き継ぎ、かつ、その申告期限までその事業を営んでいること
	保有継続要件	その宅地等を相続税の申告期限まで有していること
被相続人と生計を一にしていた被相続人の親族の事業の用に供されていた宅地等	事業継続要件	相続開始の直前から相続税の申告期限まで、その宅地等の上で事業を営んでいること
	保有継続要件	その宅地等を相続税の申告期限まで有していること

【特定同族会社事業用宅地等】

　特定同族会社事業用宅地等とは、相続開始の直前から相続税の申告期限まで一定の法人(注)の事業（貸付事業を除く。以下同じ）の用に供されていた宅地等で、次表の要件の全てに該当する被相続人の親族が相続又は遺贈により取得したもの（要件の全てに該当する被相続人の親族が相続又は遺贈により取得した持分の割合に応ずる部分に限る）。

(注)　一定の法人とは、相続開始の直前において被相続人及び被相続人の親族等が法人の発行済株式の総数又は出資の総額の50％超を有している場合におけるその法人（相続税の申告期限において清算中の法人を除く）

　一定の法人の事業の用に供されていた宅地等とは、当該法人に（相当の対価で）貸し付けられていた宅地等、及び、当該法人の事業（貸付を除く）の用に供されていた建物等で、被相続人が所有していたもの又は被相続人と生計を一にしていたその被相続人の親族が所有していたもの（当該親族が当該建物等の敷地を被相続人から無償で借り受けていた場合における当該建物等に限る）で、当該法人に（相当の対価で）貸し付けられていたもの敷地の用に供されていたものをいう。

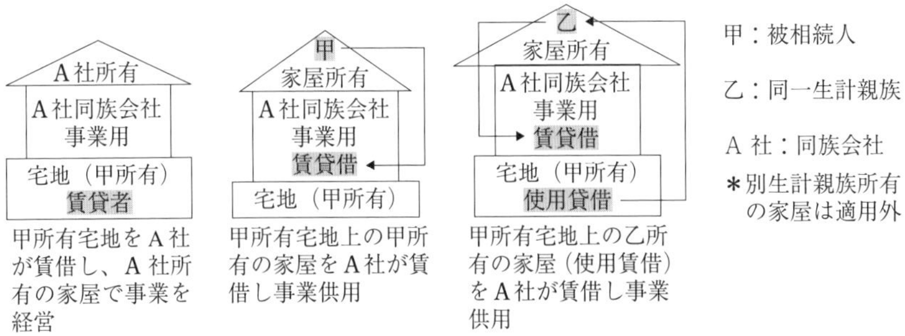

3　小規模宅地等の評価減

甲：被相続人
乙：同一生計親族
A社：同族会社
＊別生計親族所有の家屋は適用外

図1：甲所有宅地をA社が賃借し、A社所有の家屋で事業を経営

図2：甲所有宅地上の甲所有の家屋をA社が賃借し事業供用

図3：甲所有宅地上の乙所有の家屋（使用貸借）をA社が賃借し事業供用

区分	特例の適用要件	
一定の法人の事業の用に供されていた宅地等	法人役員要件	相続税の申告期限においてその法人の役員（法人税法第2条第15号に規定する役員）であること
	保有継続要件	その宅地等を相続税の申告期限まで有していること

（3）　特定居住用宅地等

> Q　特例の対象となる居住用の宅地とはどのようなものですか。

　特定居住用宅地等とは、相続開始の直前において被相続人等の居住の用に供されていた宅地等で、次の区分に応じ、それぞれに掲げる要件に該当する被相続人の親族が相続又は遺贈により取得したもの（要件に該当する被相続人の親族が相続又は遺贈により取得した持分の割合に応ずる部分に限る）をいう。なお、その宅地等が2以上ある場合には、主としてその居住の用に供していた一の宅地等に限る。

イ　被相続人の居住の用に供されていた宅地等

特例の適用要件	
取得者	取得者等ごとの要件
被相続人の配偶者	要件なし
被相続人と同居していた親族	相続開始時から相続税の申告期限まで引続きその家屋(注)に居住し、かつ、その宅地等を相続税の申告期限まで有している人
被相続人と同居していない親族	①及び②に該当し、かつ、③ないし⑤の全ての要件を満たす人 ①　被相続人に配偶者がいないこと

	②　被相続人に相続開始の直前においてその被相続人の居住の用に供されていた家屋に居住していた親族で相続人（相続の放棄があった場合には、その放棄がなかったものとした場合の相続人）である者がいないこと ③　相続開始前3年以内に日本国内にある自己又は自己の配偶者の所有する家屋（相続開始の直前において被相続人の居住の用に供されていた家屋を除く）に居住したことがないこと ④　その宅地等を相続税の申告期限まで有していること ⑤　相続開始の時に日本国内に住所を有していること、又は、日本国籍を有していること

（注）　平成26年1月1日以後に相続又は遺贈により取得した財産にかかる相続税については、被相続人の居住の用に供されていた「家屋」が、いわゆる二世帯住宅で「区分所有建物である旨の登記がされている一棟の建物（被相続人、その被相続人の配偶者又はその親族の居住の用に供されていた一定の部分に限る）」に拡充された。

ロ　被相続人と生計を一にする被相続人の親族の居住の用に供されていた宅地等

被相続人の配偶者	要件なし
被相続人と生計を一にしていた親族	相続開始の直前から相続税の申告期限まで引続きその家屋に居住し、かつ、その宅地等を相続税の申告期限まで有している人

被相続人等の居住の用に供されていた宅地等（以下「居住用宅地等」という）とは、被相続人等の居住の用に供されていた家屋で、被相続人が所有していたもの（被相続人と生計を一にしていたその被相続人の親族が居住の用に供していたものである場合には、当該親族が被相続人から無償で借り受けていたものに限る）又は被相続人の親族が所有していたもの（当該家屋を所有していた被相続人の親族が当該家屋の敷地を被相続人から無償で借り受けており、かつ、被相続人等が当該家屋を当該親族から借り受けていた場合には、無償で借り受けていたときにおける当該家屋に限る）の敷地の用に供されていた宅地等をいうものとする。

3　小規模宅地等の評価減

【被相続人の居住用家屋の敷地の用に供されていた宅地等】

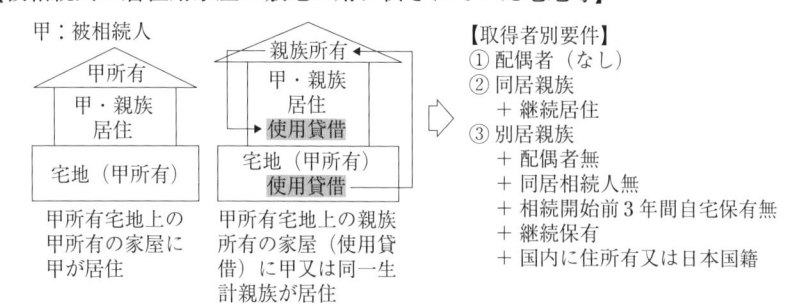

```
甲：被相続人
```

甲所有宅地上の甲所有の家屋に甲が居住

甲所有宅地上の親族所有の家屋（使用貸借）に甲又は同一生計親族が居住

【取得者別要件】
① 配偶者（なし）
② 同居親族
　＋継続居住
③ 別居親族
　＋配偶者無
　＋同居相続人無
　＋相続開始前3年間自宅保有無
　＋継続保有
　＋国内に住所有又は日本国籍

【被相続人の同一生計親族の居住用家屋の敷地の用に供されていた宅地等】

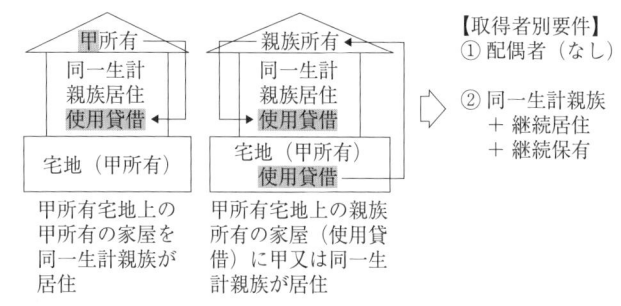

甲所有宅地上の甲所有の家屋を同一生計親族が居住

甲所有宅地上の親族所有の家屋（使用貸借）に甲又は同一生計親族が居住

【取得者別要件】
① 配偶者（なし）
② 同一生計親族
　＋継続居住
　＋継続保有

　なお、平成26年1月1日以後に相続又は遺贈により取得した財産にかかる相続税については、被相続人が老人ホームに入居している場合の入居前に居住の用に供していた宅地等についても、次の要件に該当するときは、相続開始の直前において被相続人の居住の用に供されていた宅地等として、特例居住用宅地等の特例が適用される。

① 相続開始時点で次のいずれかに該当すること
　イ　介護保険法に規定する要介護認定又は要支援認定を受けて、認知症高齢者グループホーム、養護老人ホーム、特別養護老人ホーム、軽費老人ホーム、又は有料老人ホーム、若しくは、介護老人保健施設、サービス付き高齢者向け住宅に入居又は入所していたこと
　ロ　障害者支援区分の認定を受けて、障害者支援施設又は共同生活援助を行う住居に入所又は入居していたこと
　ハ　病院に入院していたこと、病院である介護療養型医療施設及び療養介護を受ける施設に入っていたこと

② 上記①の事由により被相続人の居住の用に供されなくなった後に、新たにその宅地等を事業の用に供していないこと、又は、被相続人若しくはその被相続人と生計を一にしていた親族以外の者の居住の用に供していないこと

(4) 貸付事業用宅地等

> Q 特例の対象となる貸付の宅地とはどのようなものですか。

　貸付事業用宅地等とは、相続開始の直前において被相続人等の貸付事業の用に供されていた宅地等で、次表の区分に応じ、それぞれに掲げる要件の全てに該当する被相続人の親族が相続又は遺贈により取得したもの（要件に該当する被相続人の親族が相続又は遺贈により取得した持分の割合に応ずる部分に限る）をいうものとする。

区分	特例の適用要件	
被相続人の貸付事業の用に供されていた宅地等	事業承継要件	その宅地等に係る被相続人の貸付事業を相続税の申告期限までに引き継ぎ、かつ、その申告期限までその貸付事業を行っていること
	保有継続要件	その宅地等を相続税の申告期限まで有していること
被相続人と生計を一にしていた被相続人の親族の貸付事業の用に供されていた宅地等	事業継続要件	相続開始の直前から相続税の申告期限まで、その宅地等に係る貸付事業を行っていること
	保有継続要件	その宅地等を相続税の申告期限まで有していること

　被相続人等の不動産貸付業、駐車場業又は自転車駐車場業については、その規模、設備の状況及び営業形態等を問わず全て、貸付事業とされる不動産貸付業又駐車場業若しくは自転車駐車場業に当たる。また、貸付事業には、事業と称するに至らない不動産の貸付けその他これに類する行為で相当の対価を得て継続的に行うもの（「準事業」とする）を含む。

3 小規模宅地等の評価減

（5） 特例適用宅地等の併用

> Q　小規模宅地の特例を複数の宅地に併用することは可能ですか。

　特例対象宅地等が複数ある場合には、限度面積の範囲内において、複数の宅地等を選択することができる。

　如何なる特例対象宅地を選択するかは、基本的には、納付すべき相続税額の合計額が最少額となるように、課税価格の合計額を最大限に減少させる選択を基本に配偶者の税額軽減額の適用を加味して選択することになるが、第2次相続が想定される場合には、この基本的方針を第1次相続と第2次相続を通算して世代間相続で最も有利となるよう選択することが得策となる。

　これに加えて、企業承継を念頭に置いた場合には、第1次相続及び第2次相続を通して後継者への事業用宅地の承継を完了させることが前提条件なる。

　最適の選択肢は、相続人の状況、遺産額等の多寡、遺産の種類、相続人の納税資金の保有状況等の様々な事情に依拠するので画一的ではなく、ケースバイケースでの検討が必要になるが、一例を示すと以下のような選択が考えられる。

事　例

　平成27年1月10日に被相続人甲（開業医）は、自宅及び医院並びに貸家その他の遺産を同居の相続人である妻乙及び子丙（医師）に残した。特例対象宅地等の自用地としての相続税評価額及びその他の財産の価額は以下の通りとする。

　A宅地（医院供用・特定事業用宅地400㎡）　　3億円　　　｝
　B宅地（自宅供用・特定居住用宅地250㎡）　1億5,000万円　　遺産総額
　C宅地（貸家供用・貸付事業用宅地150㎡）　　1億円　　　　6億円
　金融資産その他の財産　　　　　　　　　　5,000万円　　｝

【第1次相続（甲）】

① 1㎡当たりの評価減

　A宅地：評価減80%・＜400㎡（3億円／400㎡）×80%　　　＝60万円
　B宅地：評価減80%・＜330㎡（1億5,000万円／250㎡）×80% ＝48万円
　C宅地：評価減50%・＜200㎡（7,900万円／150㎡）×50%　　＝26.3万円

(貸家建付地評価額：1億円×（1－70%×30%）＝7,900万円)

∴ AとBを選択⇒ ポイント　1㎡当たりの評価減の高い順に面積限度の範囲内で可能な限り広く選択する

本事例の場合は、併用の面積制限の原則（A×200/400）＋（B×200/330）＋C≦200㎡を当てはめると、1㎡当たりの評価減の最高額であるA宅地のみで面積限度を満たしてしまうため他の宅地を適用対象にすることはできない。

しかし、特定居住用宅地及び特定事業用宅地のみを選択した場合の併用の限度面積の特例A≦400㎡＋B≦330㎡が適用可能となるので、A宅地の400㎡とB宅地の250㎡を特例対象として選択する。

　A宅地　60万円×400㎡＝2億4,000万円 ⎫ 評価減合計額
　B宅地　48万円×250㎡＝1億2,000万円 ⎭ 3億6,000万円

② 遺産分割（5億7,900万円－3億6,000万円＝ 2億1,900万円 ）

　乙が取得した遺産　（課税価格）　1億4,400万円

　　B（居住用）宅地　1億5,000万円－1億2,000万円＝3,000万円 ⎫
　　C（貸付用）宅地　　　　　　　　　　　　　　　7,900万円 ⎬ 1億4,400万円
　　金融資産その他の財産　　　　　　　　　　　　　3,500万円 ⎭

　丙が取得した遺産　（課税価格）　7,500万円

　　A（事業用）宅地　3億－2億4,000万円＝6,000万円 ⎫ 7,500万円
　　金融資産その他の財産　　　　　　　　　1,500万円 ⎭

③ 相続税の総額

　課税価格の合計2億1,900万円－基礎控除額4,200万円＝1億7,700万円
　（基礎控除額：3,000万円＋600万円×2＝4,200万円）
　乙・丙　1億7,700万円×法定相続分1/2＝8,850万円
　相続税の総額（8,850万円×30%－700万円）×2＝ 3,910万円

④ 各相続人の算出税額

　乙　3,910万円×1億4,400万円／2億1,900万円（0.6575）＝2,570.8475万円
　丙　3,910万円×7,500万円／2億1,900万円（0.3425）＝1,339.175万円

⑤ 各人の納付税額

　乙　2,570.8475万円－配偶者の税額軽減額2,570.8475万円＝0円

3 小規模宅地等の評価減

【配偶者の税額軽減額】
- イ　課税価格の合計額2億1,900万円×法定相続分1／2＝1億950万円
　　　1億950万円＜1億6,000万円　∴1億6,000万円
- ロ　配偶者の課税価格　1億4,400万円
- ハ　イとロのいずれか少ない金額　イ＞ロ　∴1億4,400万円
- ニ　相続税の総額×ハ／課税価格の合計額＝2,570.958万円
　　　3,910万円×1億4,400万円／2億1,900万円＝2,570.958万円
- ホ　配偶者の算出税額　2,570.8475万円
- ヘ　ニとホのいずれか少ない金額　ニ＞ホ　∴ホ2,570.8475万円

丙　1,339.17万円⇒取得した金融資産その他の財産1,500万円で納付

【第2次相続（乙）】相続人は子丙（同居）のみ

B（居住用）宅地　250㎡　1億5,000万円 ┐
C（貸付用）宅地　150㎡　1億円　　　　├ 遺産総額　2億8,500万円
金融資産その他の財　　　3,500万円　　┘

① 1㎡当たりの評価減
　B宅地：評価減80％・＜330㎡（1億5,000万円／250㎡）×80％＝48万円
　C宅地：評価減50％・＜200㎡（7,900万円／150㎡）×50％　　＝26.3万円
　　∴BとCを選択⇒ ポイント 　1㎡当たりの評価減の高い順に面積限度の
　　　　　　　　　　　　　　　範囲内で可能な限り広く選択する

　併用の面積制限の原則（A×200/400）＋（B×200/330）＋C≦200㎡

　　Cの限度面積→200㎡－（B×200/330）＝200－（250×200/330）＝49㎡
　B宅地　48万円×250㎡＝1億2,000万円 ┐評価減合計額
　C宅地　26.3万円×49㎡＝1,290.3317万円 ┘1億3,290.3317万円

② 遺産分割（2億6,400万円－1億3,290.3万円＝ 1億3,109.7万円 ）
　丙が取得した遺産　（課税価格）　 1億3,109.7万円
　　B（居住用）宅地1億5,000万円－1億2,000万円＝3,000万円
　　C（貸付用）宅地7,900万円－1,290.3万円　　　＝6,609.7万円
　　金融資産その他の財産　　　　　　　　　　　3,500万円

③ 相続税の総額
　課税価格の合計1億3,109.7万円－基礎控除額3,600万円＝9,509.7万円

(基礎控除額：3,000万円＋600万円×1＝3,600万円)
　相続税の総額　9,509.7万円×30％－700万円＝2,152.91万円
④　丙の算出税額・納付税額　2,152.91万円
　　⇒取得した金融資産その他の財産3,500万円から納付

(栁田美恵子)

第Ⅲ章　事業承継の税務

事業承継税制の抜本改正

　平成25年度税制改正により、贈与税及び相続税の納税猶予が改正され、以下のように適用要件又は継続要件が緩和され、納税猶予額及び利子税の額についても一定の緩和が図れた。本稿は、非上場会社の事業承継対策を計画的に行おうとする趣旨に配慮するため、これらの改正後の事業承継の税務について論述する。したがって、その適用は、平成27年1月1日以後に相続が開始した場合である（平成25年度改正措法附則86）。

（1）　適用時の要件の緩和

① 経済産業大臣の事前確認制度が前倒しで施行される（平成25年4月1日施行）。
② 経営承継相続人等に被相続人の親族以外の者でも適用されることとなった。
③ 株券不発行会社について、株券の発行をしなくても相続税又は贈与税の納税猶予の適用が認められる。
④ 資産保有型会社・資産運用型会社に該当する要件の計算上、認定会社等が一定の上場株式等を保有する場合は、その上場株式等相当額を算入しないこととなった。
　また、常時使用従業員数が5人以上である要件、商品の販売又は貸付け等を行っていることとする要件が緩和された。

（2）　贈与者の取消事由の緩和

① 贈与時において認定会社の役員でないこととする要件が、贈与時において代表権を有していないことにされた。
② 役員である贈与者が、認定会社から給与の支給等を受けた場合も、贈与税の納税猶予が適用されることとなった。
③ 雇用確保要件が満たされないために納税猶予税額を納付しなければならない場合は、延納又は物納を選択することができることとなった。
④ 納税猶予の雇用確保要件について、経営承継期間における常時使用従業員

数の平均で判断されることとなった。
⑤　民事再生計画の認可決定等があった場合には、納税猶予税額が再計算され、納税猶予を継続できることとなった。
⑥　納税猶予の取消事由である総収入金額が零となった場合について、総収入金額の範囲が特定された。

第Ⅲ章　事業承継の税務

1　非上場会社の事業承継対策

（1）　定款を利用した事業承継対策

> Q　事業承継計画を立案するため、欠かせないのが課税問題です。いろいろ優遇策もあるとのことですが、どのような規定がありますか。

　事業承継を進めるには、その計画的な取り組みが必要であり、税務においても、その対策に即した優遇規定が設けられている。

　株式会社は、相続等によりその会社の株式（譲渡制限株式に限る。）を取得した者に対し、その株式をその会社に売り渡すことを請求することができる旨を定款で定めることができる（会社174）。これにより会社は株式の分散を防止することができ、株式を取得した者は相続税等の納税資金を会社から調達することができる。

　相続人が相続した非上場会社の株式をその会社に譲渡した場合、みなし配当課税を適用しないこと（措法9の7）等の規定を受けることができる。

（2）　相続時精算課税の適用

　贈与者の直系卑属でありその贈与の年の1月1日において20歳以上である者が同日において65歳以上である贈与者から贈与により財産を取得した場合は、相続時精算課税を適用することができる（相法21の9）。

（3）　贈与税の納税猶予の適用

　認定贈与承継会社の代表権を有していた一定の個人が経営承継受贈者にその会社の非上場株式等を贈与した場合は、その非上場株式の総数の3分の2までの部分について、その贈与者の死亡の日まで、その納税を猶予する。この規定は一定の要件に該当し、贈与税の申告書にこの規定の適用を受けようとする旨の記載がある場合に適用することができる。

（4） 相続税の納税猶予の適用

　相続税の納税猶予は、後継者が相続または遺贈によって取得した株式について、その株式の総議決権総数の3分の2までの部分について、相続税の80％が納税猶予される。

　この制度を適用するためには経済産業大臣の認定を受ける等の要件に該当しなくてはならない。

（5） その他M＆A等

　企業の適格合併や適格株式移転等については、譲渡する資産を時価ではなく帳簿価額で譲渡することができる（法法62の2）。

2 定款を利用した事業承継対策

(1) みなし配当課税の特例等

> Q 定款を利用した事業承継対策について、課税上の優遇について具体的に教えて下さい。

　定款を利用した事業承継対策は、相続人が相続した株式をその株式の発行会社（非上場会社に限る）に譲渡することによって、相続税の納税資金を確保し、併せて、以下のとおりみなし配当の規定の適用を受けないこと等によって、配当所得ではなく譲渡所得として所得税等が課税される。

① みなし配当課税の特例

　相続又は遺贈によって財産を取得した個人は、みなし配当の規定の適用を受けないことができる。要件は以下のとおりである（措法9の7、措令5の2）。

　ア　その相続又は遺贈によって納付すべき相続税額があること
　イ　その相続の開始があった日の翌日からその相続に係る申告書の提出期限の翌日以後3年を経過する日までの間にその相続税額の課税価格に算入された非上場会社が発行した株式をその非上場会社に譲渡すること
　ウ　この適用を受ける旨及び一定の事項を記載した書面を、その非上場会社を経由してその非上場会社の本店又は主たる事務所の所在地の所轄税務署長に提出すること

② みなし配当課税の特例の適用を受けない場合

　みなし配当課税の適用を受ける場合には、その所得は、配当所得となり、所得税は、総合課税となり、配当控除の適用を受けることができる。なお、1回に支払を受けるべき配当等の金額が、10万円（ただし、配当計算期間の月数が12月以下の場合には、その月数を乗じて12で除して計算した金額）以下である

場合には確定申告を要しない（措法8の5）。

また、みなし配当の適用を受けない場合には、株式の譲渡所得として分離課税（所得税15％、住民税5％。この他平成49年12月31日まで所得税額の2.1％の復興特別所得税が課税される。）される。

③ みなし配当の額

みなし配当の額は、その譲渡の対価としてその非上場会社から交付を受けた金銭の額がその非上場会社の資本金等の額のうちその交付の起因となった株式に対応する部分の金額を超える金額である（所法25、所令61②四）。

その法人の資本金等の額のうち交付の基因となった株式等に対応する部分の金額（一の種類の株式を発行していた法人の場合、ただし、口数の定めがない出資を発行する法人を含む。）は以下の算式によって計算した金額である。

$$\frac{その法人の自己株式取得直前の資本金等の額（A）}{自己株式の取得等直前の発行済株式等の総数（B）} \times 取得直前に有していたその自己株式の取得等に係る株式数（C）$$

その法人が二以上の種類の株式を発行している場合には、その取得等に係る株式と同一の種類株式について、上記の算式を適用し、

(A) 「資本金等の額」を「種類資本金額」

(B) 「発行済株式等の総数」を「その種類の株式の総数」

(C) 「株式数」を「その種類の株式数」

と読み替える。

④ 相続税の取得費加算

相続又は遺贈によって財産を取得し、その相続等で相続税額があり、相続税の申告書の提出期限の翌日以後3年を経過する日までの間にその相続税額に係る課税価格の計算の基礎に算入された資産を譲渡した場合は、その譲渡に係る取得費に、その相続税額のうち以下によって計算した金額を加算する（措法39）。

$$A \times \frac{B}{C}$$

A＝譲渡者の納付すべき相続税額（贈与税額控除がないものとし、相次相続控除額また

は相続時精算課税に係る贈与税額がある場合これらの金額を加算した金額)
B = 譲渡した株式の相続税の課税価格に算入された相続税評価額
C = 譲渡者の債務控除前の相続税の課税価格

⑤ 留意点

　非上場株式を相続等した相続人がその株式を発行会社に譲渡した年において、損益通算をすることができる不動産所得、事業所得等に多額なマイナスが生じている場合、あるいはみなし配当の金額が10万円以下である場合は、みなし配当課税を適用した方が有利な場合がある。

　なお、経営承継受贈者に係る贈与者が死亡した場合にその特例受贈非上場株式等を当該贈与者から相続又は遺贈により取得したものとみなされた場合には、みなし配当課税の特例を適用することはできるが、相続財産に係る譲渡所得の計算上控除することができる取得費加算の規定は適用できない（措法8の5、9の7、39）。

（2） 具体的な税額計算

> Q　みなし配当の適用を受けない場合と受ける場合の所得税の負担の相違を具体的に教えてほしい。

　以下を前提とした場合において、みなし配当の適用を受けない場合と受ける場合の所得税額を計算すると、以下のとおりとなる。

- ・株式の譲渡価額　　　　　　　　　　　　　　　1億円
- ・取得費　　　　　　　　　　　　　　　　　1,000万円
- ・納付する相続税額　　　　　　　　　　　　5,000万円
- ・譲渡した株式の相続税評価額　　　　　　　　　1億円
- ・譲渡者の債務控除前の相続税の課税価格　　　　2億円
- ・譲渡した株式の資本金等の額に対応する金額　1,000万円
- ・給与所得　　　　　　　　　　　　　　　　1,000万円
- ・給与所得の源泉税額　　　　　　　　　　156万9,960円
- ・所得控除は、加味しないこととする。

① みなし配当の適用を受けない場合

ア 譲渡所得の金額

以下の計算によって株式に係る譲渡所得の金額は6,500万円である。

$$\underset{100,000,000}{譲渡価額} - \underset{10,000,000}{取得費} - \underset{25,000,000}{取得費に加算される相続税の価額} = 65,000,000$$

取得費に加算される相続税額は以下の算式によって計算した。

$$50,000,000 \text{ (A)} \times \frac{100,000,000 \text{ (B)}}{200,000,000 \text{ (C)}}$$

A = 譲渡者の納付すべき相続税額（贈与税額控除がないものとし、相次相続控除額または相続時精算課税に係る贈与税額がある場合これらの金額を加算した金額
B = 譲渡した株式の相続税の課税価格に算入された相続税評価額
C = 譲渡者の債務控除前の相続税の課税価格

イ 所得税額の計算

みなし配当の適用を受けない場合は、株式の譲渡となり、分離課税により所得税の税率は、15％となる（措法37の10①）。

65,000,000 × 15％ = 9,750,000

以上の計算のとおり、所得税額は975万円となる。この他、住民税額が課税譲渡所得金額に対して5％及び復興特別所得税等が加算される。②において同様である。

② みなし配当の適用を受ける場合

ア 配当所得の金額

以下の計算によってみなし配当の金額は9,000万円となる。

$$\underset{100,000,000}{交付を受けた金銭等の額} - \underset{10,000,000}{\substack{資本金等の額のうち譲渡の起因となった \\ 株式等に対応する部分の金額}} = \underset{90,000,000}{みなし配当の額}$$

イ 確定申告による所得税額

$$\underset{10,000,000}{給与所得金額} + \underset{90,000,000}{配当所得金額} = \underset{100,000,000}{総所得金額}$$

所得税額

100,000,000 × 40％ － 2,796,000 = 37,204,000

配当控除額

90,000,000 × 5％ = 4,500,000

差引所得税額

以下のとおり、配当所得に対する所得税額は、3,113万4,040円となる。

所得税額　　配当控除額　　給与に係る源泉所得税額
37,204,000 －　4,500,000 －　1,569,960 ＝ 31,134,040

ただし、配当所得に対しては、所得税の源泉徴収税額（20％）と復興特別所得税が課税されるが、本設問では、所得税額を対比するために省略した。なおこのみなし配当に係る源泉所得税額は1,800万円である。

90,000,000 × 20％ = 18,000,000

③ **所得税額の対比**

ア　みなし配当の適用を受けない場合　　　　　　975万円
イ　みなし配当の適用を受ける場合　　　　　　3,113万4,040円

以上のように、本前提では、みなし配当の適用を受けない方が有利である。

（3）買取価額を定款に定めた場合の課税について

> Q　同族会社の定款で買取価額を定めた場合、例えば買取価額を額面価額とした場合に、課税上の問題が生じますか。

同族会社である株式譲渡制限会社の定款において、株主の相続人がその会社の株式を相続した場合は、その株式を額面価額等として相続税評価額よりも著しく低い価額で会社に譲渡しなくてはならない旨を規定した場合は、以下のとおりの課税が生ずる。

① **定款条項を規定した時の課税**

株主及び会社とも課税は生じない。

② 相続が発生し、株式を譲渡した場合
ア 株価の評価額とみなし譲渡

その会社の株主である被相続人から相続によってその相続人が取得したその会社の株式の相続税評価額は、買取価額である額面価額ではなく、相続税評価額となり財産評価基本通達によって評価する。したがって、相続税の申告上の価額と売渡価額との乖離が生ずる。

額面価額で、譲渡した場合の所得税の課税は、譲渡価額が額面価額であることから、譲渡所得は生じないが、その額面価額が時価の2分の1未満である場合には時価で譲渡したこととして、所得税の課税が生じる（所法59、所令169）。

イ 株式の発行会社の課税

自己株式の取得は、資本取引となることから、法人税の課税は生じない。

ウ その他の株主の課税

その株式を相続した相続人が額面価額で譲渡することによって、その法人の1株当たりの価値が増加し、他の株主の株価が増加した場合は、額面価額で譲渡があった時に、その相続人からその増加額に相当する利益が贈与されたものとして、みなし贈与の課税が生じる（相通9-2）。

③ 対策として

以上のとおり、相続税評価額を下回る額面価額での譲渡は、課税上の問題を生じかねない。そこで、買取価額を定款で定める場合には、相続時の相続税評価額とする等の定めが有効である。

3 贈与税の納税猶予

(1) 贈与税の納税猶予の概要

> Q 現在会社の役員をしている息子に事業承継を円滑に進めるために株式を贈与したいと考えています。贈与税が納税猶予できるということですが、その概要を説明して下さい。

　経済産業大臣認定を受けた認定贈与承継会社の代表権を有していた贈与者が、経営承継受贈者にその会社の株式等を贈与した場合は、その贈与税のうち、その会社の発行済株式等の総数の3分の2に達するまでの部分に係る贈与税がその贈与者の死亡の日まで納税が猶予される。

　ただし、この規定の適用を受ける場合には、その贈与税の申告書にこの適用を受けようとする旨を記載し、併せてその納税猶予分の贈与税額とその利子税に相当する担保を提供しなければならない（措法70の7①②⑯、措通70の7-8）。

```
┌─────────────────────────────────────┐
│  先代経営者から非上場会社の株式の贈与を受ける  │
└─────────────────────────────────────┘
                   ↓
┌─────────────────────────────────────┐
│  経営承継円滑化法に基づき経済産業大臣の認定を受ける  │
└─────────────────────────────────────┘
                   ↓
┌─────────────────────────────────────┐
│ 贈与税の申告期限までにこの特例の適用を受ける旨を記載した贈与税 │
│   の申告書に一定の書類を添付して所轄税務署へ提出する。  │
│            併せて担保を提供する。             │
└─────────────────────────────────────┘
                   ↓
┌─────────────────────────────────────┐
│ 経営贈与承継期間は毎年（第一種贈与基準日）、それ以降は3年ごと │
│  （第二種贈与基準日）に「継続届出書」を所轄税務署へ提出する  │
└─────────────────────────────────────┘
                   ↓
┌─────────────────────────────────────┐
│  先代経営者が死亡等した場合は、免除届出書等を提出する  │
└─────────────────────────────────────┘
```

　経営贈与承継期間とは、その贈与税の申告書の提出期限の翌日から5年を経過する日又は経営承継受贈者若しくは贈与者の死亡の日の前日のいずれか早い

日までの期間をいう。

（2） 対象となる認定贈与承継会社及び受贈者などの要件

> Q　贈与税の納税猶予を適用できる会社に制限がありますか。また、贈与者、受増者の要件も教えて下さい。

　贈与税の納税猶予の要件は以下のとおりである（措法70の7、措令40の8、措規23の9、措通70の7-1、円滑化法2、円滑化法令1）。

① 対象となる認定贈与承継会社とは、中小企業における経営の承継の円滑化に関する法律2条に規定する中小企業者のうち経済産業大臣の認定を受けた会社で、贈与の時において、次に掲げる要件の全てを満たすものをいう。
　ア　その会社の従業員で、以下に該当する常時使用従業員の数が1人以上であること。
　　（ア）　厚生年金保険法、健康保険法等の被保険者で、これらの法律により厚生労働大臣の確認があった者
　　（イ）　その会社と2月を超えて雇用契約を締結している75歳以上の者
　イ　その会社が、一定の資産保有型会社又は資産運用型会社に該当しないこと。
　ウ　その会社の株式等及び特別関係会社のうちその会社と密接な関係を有する特定特別関係会社の株式等が、非上場株式等に該当すること。
　エ　その会社及び特定特別関係会社が、風俗営業会社に該当しないこと。
　オ　その会社の特別関係会社が外国会社に該当する場合で、その会社又はその会社との間に支配関係がある法人がその特別関係会社の株式等を有する場合は、その会社の常時使用従業員の数が5人以上であること。
　カ　その会社のその贈与の日の属する事業年度の直前の事業年度における総収入金額（主たる事業活動から生ずる収入の額として財務省令で定めるものに限る。）が、零を超えること。ただし、その贈与の日がその贈与の日の属する事業年度の末日である場合には、その贈与の日の属する事業年度

及びその事業年度の直前の事業年度における総収入金額が、零を超えること。

キ　その会社が種類の株式を発行する場合は、その種類の株式を経営承継受贈者以外の者が有していないこと。

ク　その会社の特定特別関係会社は、中小企業における経営の承継の円滑化に関する法律2条に規定する中小企業者に該当すること。

中小企業における経営の承継の円滑化に関する法律2条に規定する中小企業者とは、以下の会社をいう。

	業種	資本金の額等	従業員数
①	製造業、建設業、運輸業等	3億円以下	300人以下
②	卸売業（⑤を除く）	1億円以下	100人以下
③	サービス業（⑤を除く）	5千万円以下	100人以下
④	小売業	5千万円以下	50人以下
⑤	ゴム製品製造業（自動車又は航空機用タイヤ及びチューブ製造業並びに工業用ベルト製造業を除く）	3億円以下	900人以下
	ソフトウェア業又は情報処理サービス業	3億円以下	300人以下
	旅館業	5千万円以下	200人以下

② 　特例の対象となる株式等

認定贈与承継会社の非上場株式等とは、次に掲げる株式等をいい、会社の株主総会等において議決権を行使できる事項の全部又は一部について制限がある株式等は含まれない。

ア　その株式の全てが金融商品取引法2条16項に規定する金融商品取引所等に上場されていないこと又はその上場の申請がされていないこと。

イ　その株式の全てが金融商品取引法67条の11第1項に規定する店頭売買有価証券登録原簿等に登録がされていないこと又はその登録の申請がされていないこと。

ウ　合名会社、合資会社又は合同会社の出資のうち上記の要件を満たすもの。

③ 　納税猶予の対象となる株式数又は金額は下表の区分に応じたそれぞれの

株式数又は金額に達するまでをいう。

区分	猶予対象限度額
ア	$(A+B) \geq C \times \dfrac{2}{3}$	$C \times \dfrac{2}{3} - B$
イ	$(A+B) < C \times \dfrac{2}{3}$	Aの全部

A：贈与者が贈与直前に有していたその株式等の数又は金額
B：経営承継受贈者が贈与直前に有していたその株式等の数又は金額
C：贈与時のその会社の発行済株式又は出資（議決権に制限のない株式等に限る。）の総数又は総額

④　贈与者とは、上記の認定贈与承継会社の代表権（制限が加えられた代表権を除く。）を有していた個人で、次に掲げる要件の全てを満たし、その認定贈与承継会社の非上場株式等について既にこの規定により贈与をしていない者をいう。

　ア　その贈与の直前においてその認定贈与承継会社の代表権を有しない場合には、その代表権を有していた期間内のいずれかの時及びその贈与の直前において、その個人及びその個人と特別の関係がある者が有するその非上場株式等に係る議決権の数の合計が、その会社の総株主等議決権数の100分の50を超える数であること。

　イ　その贈与の直前においてその認定贈与承継会社の代表権を有しない場合には、その個人がその代表権を有していた期間内のいずれかの時及びその贈与の直前において、その個人が有するその非上場株式等に係る議決権の数が、その個人と特別の関係がある者（その認定贈与承継会社の経営承継受贈者となる者を除く。）のうちいずれの者が有するその非上場株式等の議決権の数を下回らないこと。

　ウ　その贈与の時において、その者がその認定贈与承継会社の代表権を有していないこと。

⑤　受贈者とは、贈与者から贈与により認定贈与承継会社の非上場株式等を

取得した個人で、以下の全ての要件に該当する者（その者が２以上ある場合には、その認定贈与承継会社が定めた一の者に限る。）をいう。

　ア　その贈与の日において20歳以上であること。

　イ　その個人が、その贈与の時において、その認定贈与承継会社の代表権を有していること。

　ウ　その贈与の時において、その個人と特別の関係がある者の有するその会社の株式等に係る議決権数の合計が、その会社の総株主等議決権数（株主総会において決議をすることができる事項の全部につき議決権を行使することができない株主を除く。）の100分の50を超える数であること。

　エ　贈与の時において、その個人が有するその会社の株式等に係る議決権の数が、その個人と特別の関係がある者のうちいずれの者が有するその認定贈与承継会社の非上場株式等に係る議決権の数をも下回らないこと。

　オ　その個人が、その贈与の時からその贈与の日の属する年分の贈与税の申告書の提出期限（その提出期限前にその個人が死亡した場合には、その死亡の日）まで引き続き贈与により取得をしたそ株式等の全てを有していること。

　カ　その個人が、その贈与の日まで引き続き３年以上にわたりその認定贈与承継会社の役員その他の地位として財務省令で定めるものを有していること。

⑥　納税猶予された贈与税額の免除

　経営承継受贈者又はその贈与者が以下に該当することとなった場合は、猶予中贈与税額に相当する贈与税は免除する。

　この場合において、その経営承継受贈者又はその経営承継受贈者の相続人は、その該当することとなった日以後６月（その贈与者が死亡した場合は10月）を経過する日までに、免除届出書を納税地の所轄税務署長に提出しなければならない。

　＊　ただし、その該当する日前に継続届出書の提出がない場合、或いは猶予中贈与税額に係る期限の繰上げがあった場合等猶予税額を納付することとなった場合を除く。

ア　贈与者の死亡の時以前にその経営承継受贈者が死亡した場合
イ　贈与者が死亡した場合
ウ　その経営贈与承継期間の末日の翌日以後に、その経営承継受贈者がその者と特別の関係がある者以外の者のうち持分の定めのある法人（医療法人を除く。）又は個人で、その譲渡等があった後の認定贈与承継会社の経営を実質的に支配する一定の要件を満たす１人の者に対してその非上場株式等の全部を譲渡等した場合
エ　その認定贈与承継会社について民事再生法の再生計画又は会社更生法の更生計画の認可の決定等があった場合は、再計算免除贈与税は免除する。

(3) 猶予税額を納付することとなる場合

> Q　納税猶予が途中で認められなくなる場合があるのでしょうか。

　猶予税額の納付が免除される前に、以下のいずれかに該当する場合は、以下に定める日から２月を経過する日を納税の猶予期限として、猶予中贈与税額及びその利子税を納付しなければならない（措法70の７④㉓、措令40の８）。

① その経営承継受贈者が認定贈与承継会社の代表権を有しないこととなった場合は、その有しないこととなった日
② 経営贈与承継期間の末日において各第一種贈与基準日毎の常時使用従業員数の合計を第一種贈与基準日の数で除して計算した数が、その常時使用従業員数の100分の80相当額（１未満の端数切り上げ）を下回る数となった場合は、その経営贈与承継期間の末日
③ その経営承継受贈者及びその者と特別の関係がある者の有する議決権の数の合計がその認定贈与承継会社の総株主等議決権数の100分の50以下となった場合は、その100分の50以下となった日
④ その経営承継受贈者と特別の関係がある者のうちいずれかの者が、その経営承継受贈者が有するその非上場株式等に係る議決権の数を超える数の議決権を有することとなった場合は、その有することとなった日
⑤ その経営承継受贈者がその特例受贈非上場株式等の一部又は全部を譲渡

又は贈与した場合（その特例受贈非上場株式等に係る認定贈与承継会社が株式交換又は株式移転により他の会社の株式交換完全子会社等となった場合を除く。）は、その譲渡等した日

⑥　その認定贈与承継会社が解散した場合または会社法その他の法律の規定により解散したものとみなされた場合は、その解散等した日

⑦　その認定贈与承継会社が一定の資産保有型会社又は資産運用型会社に該当することとなった場合は、その該当することとなった日

⑧　その認定贈与承継会社の事業年度における総収入金額のうち主たる事業活動から生ずる収入の額として財務省令で定めるものが零となった場合は、その事業年度終了の日

⑨　認定贈与承継会社の株式等が非上場株式等に該当しないこととなった場合は、その該当しないこととなった日

⑩　その認定贈与承継会社又はその特定特別関係会社が風俗営業会社に該当することとなった場合は、その該当することとなった日

（4）　贈与者が贈与税の申告前に死亡した場合

> Q　贈与税の納税猶予を受けるために、手続きを完了し、株式の贈与を受けましたが、贈与者がその年の途中で死亡してしまいました。この場合はどのように取り扱われるのですか。

特例対象贈与に係る贈与者が贈与税の申告期限前に死亡した場合における贈与税の納税猶予は、以下のとおり取り扱う（措通70の7-3）。

①　贈与者が特例対象贈与をした日の属する年に死亡した場合

ア　受贈者が贈与者の相続又は遺贈により財産を取得したとき
　その特例対象贈与により取得をした認定贈与承継会社の非上場株式等については、贈与税の課税価格の計算の基礎に算入されず、贈与税の納税猶予の適用はない。

　＊　ただし、その非上場株式等について、相続税の納税猶予の要件を満た

している場合には、その規定の適用を受けることができる。
イ　受贈者が贈与者の相続又は遺贈により財産を取得しなかったとき
　　受贈者が、その特例対象贈与により取得した非上場株式等について贈与税の納税猶予の規定の適用を受ける旨の贈与税の申告書を提出したときは、この規定を適用することができる。
　＊　ただし、その贈与税の納税猶予の適用要件である担保の提供については、その提供を要しない。また、その申告書の提出があった時に贈与者の死亡による贈与税の免除の効果が生ずるものとして取り扱う。
ウ　その受贈者がその贈与者に係る相続時精算課税適用者（相続時精算課税の適用を受けようとする者を含む。）であり、贈与税の納税猶予の規定の適用を受けないときは上記アを準用する。

② **贈与者が特例対象贈与をした日の属する年の翌年に死亡した場合**
上記①のイを準用する。

第Ⅲ章　事業承継の税務

4　相続税の納税猶予

（1）　相続税の納税猶予の概要

> Q　親族に会社の後継者となる者がおらず、併せて1株当たりの評価額が高いために、相続税の納税が困難でありかつこのままでは会社の継続も困難になってしまいます。会社を長く支えてくれた役員に株式を相続させたいと思っています。相続税の納税猶予ができるとのことですが、その概要を説明して下さい。

　後継者である経営承継相続人等が、経済産業大臣の認定を受ける非上場会社の株式等を認定承継会社の代表者であった被相続人から相続等により取得し、その会社を経営していく場合には、その後継者が納付すべき相続税のうち、その株式等に係る課税価格の80％に対応する相続税の納税が猶予される。

　なお、その相続税の期限内申告書にこの規定の適用を受けようとする旨の記載があり、かつその納税猶予分の相続税額とその利子税に相当する担保を提供した場合に限り適用する（措法70の7の2、措通70の7の2-11）。

```
┌─────────────────────────────────────────────┐
│ 経営承継円滑化法に基づき相続開始後8か月以内に経済産業大臣への │
│ 申請を行い、認定を受ける                                    │
└─────────────────────────────────────────────┘
                        ↓
┌─────────────────────────────────────────────┐
│ 相続税の申告期限までに、この特例の適用を受ける旨を記載した    │
│ 相続税の申告書に一定の書類を添付して所轄税務署へ提出する。    │
│ 併せて担保を提供する。                                      │
└─────────────────────────────────────────────┘
                        ↓
┌─────────────────────────────────────────────┐
│ 経営承継期間は毎年（第一種基準日）、それ以降は3年ごと（第二種 │
│ 基準日）に「継続届出書」を所轄税務署へ提出する              │
└─────────────────────────────────────────────┘
                        ↓
┌─────────────────────────────────────────────┐
│ 後継者が死亡等した場合は、免除届出書等をを提出する          │
└─────────────────────────────────────────────┘
```

　経営承継期間とは、相続税の申告書の提出期限の翌日から同日以後5年を経過する日又は経営承継相続人等の死亡の日の前日のいずれか早い日までの期間

（2） 対象となる認定承継会社及び非上場株式等の要件

> Q　相続税の納税猶予を適用できる会社に制限がありますか。また、被相続人、相続人等の要件も教えて下さい。

相続税の納税猶予の要件は以下のとおりである（措法70の7、70の7の2、措令40の8の2、措規23の9、23の10、措通70の7の2-3、円滑化法2、円滑化法令1）。

① 対象となる認定承継会社とは、中小企業における経営の承継の円滑化に関する法律2条に規定する中小企業者のうち経済産業大臣の認定を受けた会社で、相続の開始の時において、次に掲げる要件の全てを満たすものをいう。
　ア　その会社の従業員で、以下に該当する常時使用従業員の数が1人以上であること。
　　（ア）　厚生年金保険法、健康保険法等の被保険者で、これらの法律により厚生労働大臣の確認があった者
　　（イ）　その会社と2月を超えて雇用契約を締結している75歳以上の者
　イ　その会社が、一定の資産保有型会社又は資産運用型会社に該当しないこと。
　ウ　その会社の株式等及び特別関係会社のうちその会社と密接な関係を有する特定特別関係会社の株式等が、非上場株式等に該当すること。
　エ　その会社及び特定特別関係会社が、風俗営業会社に該当しないこと。
　オ　その会社の特別関係会社が外国会社に該当する場合で、その会社又はその会社との間に支配関係がある法人がその特別関係会社の株式等を有する場合は、その会社の常時使用従業員の数が5人以上であること。
　カ　その会社の相続の開始の日の属する事業年度の直前の事業年度における総収入金額（主たる事業活動から生ずる収入の額として財務省令で定めるものに限る。）が、零を超えること。ただし、その相続の開始の日がその

相続の開始の日の属する事業年度の末日である場合は、その相続の開始の日の属する事業年度及びその事業年度の直前の事業年度における総収入金額が、零を超えること。
キ　その会社が種類の株式を発行する場合は、その種類の株式をその経営承継相続人等以外の者が有していないこと。
ク　その会社の特定特別関係会社（外国会社に該当するものを除く。）が、中小企業における経営の承継の円滑化に関する法律2条に規定する中小企業者（3「贈与税の納税猶予」（2）①カを参照）に該当すること。

② 　特例の対象となる株式等

この特例の対象となる株式等は、議決権に制限のない株式等であり、3「贈与税の納税猶予」（2）②「特例の対象となる株式等」と同じである。ただし、以下の株式を除く。
ア　相続税法19条の相続開始前3年以内の贈与財産に該当した株式等
　　ただし、認定承継会社の代表者である被相続人からその非上場株式等を贈与により取得し、相続税の納税猶予の適用上、相続又は遺贈により取得したものとみなされるものを除く。
イ　相続時精算課税の適用を受ける株式等
　　ただし、認定承継会社の代表者である被相続人からその非上場株式等を相続又は遺贈により取得したものとみなされるものを除く。
ウ　非上場株式等の贈与者が死亡した場合の相続税の課税の特例の適用により相続又は遺贈により取得をしたものとみなされる特例受贈非上場株式等に係る認定贈与承継会社と同一の会社の株式等
　　なお、非上場株式等の贈与者が死亡した場合の相続税の納税猶予の規定の要件に該当する場合は、この規定の適用の対象となる。

③ 　特例の対象となる株式数

その特例の対象となる非上場株式等は、相続の開始の時におけるその認定承継会社の発行済株式等（議決権に制限のない株式等に限る。）について以下の区分に応じて以下の特例対象株式等の数に達するまでの部分に限る。

区分			特例対象株式等
①	(A + B)	≧	$C \times \dfrac{2}{3}$	$C \times \dfrac{2}{3} - B$
②	(A + B)	<	$C \times \dfrac{2}{3}$	Aの全部

A：経営承継相続人等がその相続又は遺贈により取得をしたその株式等の数又は金額

B：経営承継相続人等がその相続の開始の直前において有していたその株式等の数又は金額

C：その相続の開始の時における認定承継会社の発行済株式等（議決権に制限のない株式等に限る。）の総数又は総額

ただし、複数の認定承継会社に係る非上場株式等を相続等により取得した場合の判定は、それぞれの認定承継会社ごとに行う。

④　経営承継相続人等とは、被相続人から相続又は遺贈により認定承継会社の非上場株式等を取得した以下の全ての要件満たす者をいう。ただし、その者が2以上ある場合は、その認定承継会社が定めた一の者に限る。

　ア　その個人が、その相続の開始の日の翌日から5月を経過する日において、その認定承継会社の代表権を有していること。

　イ　その相続の開始の時において、その個人及びその個人と政令で定める特別の関係がある者の有するその認定承継会社の非上場株式等に係る議決権の数の合計が、その認定承継会社に係る総株主等議決権数の100分の50を超える数であること。

　ウ　その相続の開始の時において、その個人が有するその認定承継会社の非上場株式等に係る議決権の数が、その個人と特別の関係がある者のうちいずれの者が有するその認定承継会社の非上場株式等に係る議決権の数をも下回らないこと。

　エ　その個人が、その相続の開始の時からその相続に係る相続税の申告書の提出期限（その提出期限前にその個人が死亡した場合には、その死亡の日）まで引き続きその相続又は遺贈により取得をしたその認定承継会社の

特例非上場株式等の全てを有していること。

オ　その個人が、その認定承継会社の経営を確実に承継すると認められる要件として財務省令で定めるものを満たしていること。

⑤　代表者とは、相続の開始前において、認定承継会社の代表権（制限が加えられた代表権を除く。）を有していた個人で、以下の全ての要件を満たすものをいう。

ア　その個人がその相続の開始の直前においてその認定承継会社の代表権を有しない場合には、その個人がその代表権を有していた期間内のいずれかの時及びその相続の開始の直前において、その個人及びその個人と特別の関係がある者が有するその認定承継会社の非上場株式等に係る議決権の数の合計が、その会社の総株主等議決権数の100分の50を超える数であること。

イ　その個人がその相続の開始の直前においてその認定承継会社の代表権を有しない場合には、その個人がその代表権を有していた期間内のいずれかの時及びその相続の開始の直前において、その個人が有するその認定承継会社の非上場株式等に係る議決権の数が、その特別の関係がある者（経営承継相続人等となる者を除く。）のうちいずれの者が有するその非上場株式等の議決権の数を下回らないこと。

⑥　納税猶予相続税額の免除

経営承継相続人等が以下に該当することとなった場合は、一定の猶予中相続税額を免除する。ただし、その該当することとなった日から2月を経過する日（その日までの間にその経営承継相続人等が死亡した場合は、その相続の開始があったことを知った日の翌日から6月を経過する日。）までに、その免除を受ける旨、免除申請相続税額等を記載した申請書を納税地の所轄税務署長に提出しなければならない。なお、その該当日前に継続届出書の提出がない場合、或いは猶予中相続額に係る期限の繰上げがあった場合等猶予税額を納付する場合はこの適用はない。

ア　その経営承継相続人等が死亡した場合

イ 経営承継期間の末日の翌日以後に、その経営承継相続人等が特例非上場株式等につき贈与税の納税猶予の適用を受けた場合
ウ その経営承継相続人等と特別の関係がある者以外の者のうち持分の定めのある法人(医療法人を除く。)又は個人で、その譲渡等があった後の認定承継会社の経営を実質的に支配する一定の要件を満たす1人の者に対してその非上場株式等の全部を譲渡等した場合
エ その認定贈与承継会社について民事再生法の再生計画又は会社更生法の更生計画の認可の決定等によりその非上場株式等を消却することとなった場合

(3) 猶予税額の計算

Q 納税猶予分の相続税額はどのように計算しますか。

① **納税猶予分の相続税額の計算**

納税猶予分の相続税額は、以下のアに掲げる金額からイに掲げる金額を控除した残額をいう(措法70の7の2②五、措令40の8の2⑫～⑯、措通70の7の2-2)。

ア 正味の遺産額に基づき経営承継相続人の相続税を計算する。

> 特例非上場株式等の特定価額をその経営承継相続人等に係る相続税の課税価格とみなして、相続税の債務控除、相続税額の加算、贈与・相続開始前3年以内の贈与財産の加算、相続時精算課税適用者の相続税の課税価格への加算の規定を適用してその経営承継相続人等の相続税の額を計算する。

＊ ただし、特例非上場株式等の価額を計算する場合において、その認定承継会社又はその特別関係会社でありその認定承継会社との間に支配関係がある認定承継会社等が外国会社(その認定承継会社の特別関係会社に該当するものに限る。)等発行済株式数の100分の3以上の株式等を有する法人又は出資の総額の100分の50を超える出資を有する医療法人の株式等(投資信託及び投資法人の投資口を含む。)を有する場合は、その認定承継会社等がその株式等を有していないものとする。②において同じ。

＊　その経営承継相続人等が相続税の配偶者の税額軽減、未成年者控除、障害者控除、相次相続控除、相続時精算課税の適用によって課された贈与税額の控除の規定の適用を受ける場合において、その経営承継相続人等に係る相続税の額の計算上これらの規定により控除された金額の合計額が以下に掲げる金額の合計額を超えるときは、その超える部分の金額を控除した残額とする。

（ア）特定価額に100分の20を乗じて計算した金額をその経営承継相続人等に係る相続税の課税価格とみなして計算したその経営承継相続人等の相続税の額

（イ）（ⅰ）に掲げる金額から（ⅱ）に掲げる金額を控除した残額
　（ⅰ）相続税法の規定を適用して計算したその経営承継相続人等の相続税の額
　（ⅱ）特定価額をその経営承継相続人等に係る相続税の課税価格とみなして、計算したその経営承継相続人等の相続税の額

　　＊　特例非上場株式等の特定価額とは、相続税法13条の規定により控除すべき債務がある場合において、その控除未済債務額を特例非上場株式等の価額から控除した場合のその残額をいう。

　　＊　控除未済債務額とは、以下の（ⅰ）の金額から（ⅱ）の金額を控除した金額（その金額が零を下回る場合には、零とする。）をいう。
　（ⅰ）相続税法13条により控除すべき被相続人の債務及び葬式費用のうち経営承継相続人等の負担に属する部分の金額
　（ⅱ）（ⅰ）の経営承継相続人等が相続税の納税猶予を適用する相続等（被相続人からの贈与により取得した財産で相続時精算課税の適用を受ける贈与を含む。）により取得した財産の価額から特例非上場株式等の特定価額を控除した残額

イ　経営承継相続人が取得した財産が特例相続非上場株式等の20％のみであると仮定して相続税を計算する。

> 特例相続非上場株式等の特定価額に100分の20を乗じて計算した金額を経営相続承継受贈者に係る相続税の課税価格とみなして、相続税の債務控除、相続税額の加算、贈与相続開始前3年以内の贈与財産の加算、相続時精算課税適用者の相続税の課税価格への加算の規定を適用して相続税の額を計算する。

(4) 猶予税額を納付することとなる場合

> Q 相続税の納税猶予が取り消される場合があり、利子税も支払うことになると聞きます。取り消しされる場合とはどのような場合ですか。

　経営承継期間内に相続税の納税猶予の適用を受ける経営承継相続人等について以下に該当することとなった場合は、以下のそれぞれに定める日から2月を経過する日（その定める日からその2月を経過する日までの間にその経営承継相続人等が死亡した場合は、その相続の開始があったことを知った日の翌日から6月を経過する日）において納税の猶予に係る期限とし、猶予中相続税額及びその利子税を納付しなければならない（措法70の7の2③、措令40の8の2⑩、㉘〜㉛）。

① その経営承継相続人等がその認定承継会社の代表権を有しないこととなった場合は、その有しないこととなった日

② 経営承継期間の末日において、各第一種基準日毎の常時使用従業員の数の合計を第一種基準日の数で除して計算した数が、その常時使用従業員数の100分の80相当額（1未満の端数切り上げ）を下回る数となった場合は、経営承継期間の末日

③ その経営承継相続人等及びその者と特別の関係がある者の有する議決権の数の合計がその会社の総株主等議決権数の100分の50以下となった場合は、その100分の50以下となった日

④ その経営承継相続人等と特別の関係がある者のうちいずれかの者が、その経営承継相続人等が有するその特例非上場株式等係る議決権の数を超える議決権を有することとなった場合は、その有することとなった日

⑤ その経営承継相続人等がその特例非上場株式等の一部又は全部を譲渡又は贈与した場合は、その譲渡等をした日

⑥　その認定承継会社が会社分割（その会社分割に際して吸収分割承継会社等の株式等を配当財産とする剰余金の配当があった場合に限る。）又は組織変更（その組織変更に際してその認定承継会社の株式等以外の財産の交付があった場合に限る。）をした場合は、その会社分割又は組織変更がその効力を生じた日

⑦　その認定承継会社が解散した場合（合併により消滅する場合を除く。）又は会社法等により解散したものとみなされた場合は、解散等した日

⑧　その認定承継会社が一定の資産保有型会社又は資産運用型会社に該当することとなった場合は、その該当することとなった日

⑨　その認定承継会社の事業年度における総収入金額（主たる事業活動から生ずる収入の額として財務省令で定めるものに限る。）が零となった場合は、その事業年度終了の日

⑩　その認定承継会社が、会社法447条等の規定により資本金の額又は準備金の額を減少した場合（同法309条２項９号イ及びロに該当する場合等を除く。）は、その資本金の額等の減少の効力が生じた日

⑪　その認定承継会社が合併又は適格交換等（適格合併等を除く。）は、その合併等の効力が生じた日

⑫　その認定承継会社の株式等が非上場株式等に該当しないこととなった場合は、その該当しないこととなった日

⑬　その認定承継会社又はその認定承継会社の特定特別関係会社が風俗営業会社に該当することとなった場合は、その該当することとなった日

⑭　その認定承継会社が発行する種類の株式をその経営承継相続人等以外の者が有することとなったときは、その有することとなった日

⑮　株式会社であるその認定承継会社がその特例非上場株式等の全部又は一部の種類を株主総会において議決権を行使することについて制限のある株式に変更した場合は、その変更した日

⑯　持分会社であるその認定承継会社が定款の変更により経営承継相続人等が有する議決権の制限をした場合は、その制限をした日

主な猶予税額を納付することとなる場合とその猶予税額等

主な場合	申告期限後 5年以内	申告期限後 5年経過後
特例の適用を受けた非上場株式等についてその一部を譲渡・贈与等した場合	猶予税額と利子税	譲渡部分に対応する猶予税額と利子税
後継者が会社の代表権を有しなくなった場合	猶予税額と利子税	引き続き納税が猶予される
一定の基準日において雇用の8割を維持できなくなった場合	猶予税額と利子税	引き続き納税が猶予される
会社が資産管理会社に該当した場合	猶予税額と利子税	猶予税額と利子税

(5) 資産保有型会社又は資産運用型会社に該当する要件

> Q 納税の猶予の適用ができない資産保有型会社又は資産運用型会社とはどのような会社をいいますか。

資産保有型会社又は資産運用型会社に該当する場合は、納税猶予の適用ができず、納税猶予の適用を受けた認定承継会社が資産保有型会社又は資産運用型会社に該当することとなった時はその猶予税額と利子税を納付しなければならない。この資産保有型会社又は資産運用型会社は以下の要件に該当した会社である（措法70の7②八、九、70の7の2②、⑤、措令40の8⑤、⑲、40の8の2⑦、㉚、措規23の9⑭、措通70の7-11、円滑化法規1⑫）

① 資産保有型会社

資産保有型会社とは、認定承継会社の相続の日の属する事業年度の直前の事業年度の開始の日からその猶予税額の期限が確定する日までの期間内のいずれかの日においても、次の割合が100分の70以上となる会社をいう。

$$\frac{A + C}{B + C} \geq 70\%$$

A：その日におけるその会社の貸借対照表に計上されている総資産の帳簿価額の総額

B：その日におけるその会社の貸借対照表に計上されている特定資産の帳簿

価額の合計額

C：その日以前5年以内において、経営承継受贈者及びその経営承継受贈者と特別の関係がある者がその会社から受けた以下の金額の合計額

 a その会社の株式等に係る剰余金の配当又は利益の配当（特例対象贈与の時前に受けたものを除く。）の額

 b その会社から支給された給与及び債務免除益等の経済的な利益の合計額のうち、法人税法各事業年度の所得の金額の計算上損金の額に算入されないこととなる金額

 ＊ 特定資産とは、以下の資産をいう。

  i 金融商品取引法2条1項に規定する有価証券及び同条2項の有価証券とみなされる権利。ただし、資産保有型子会社又は資産運用型子会社以外の当該会社の特別子会社の株式又は持分以外のもの

  ii 当該会社が現に自ら使用していない不動産（不動産の一部分が自ら使用していない場合は、当該一部分に限る。）

  iii ゴルフ場その他の施設の利用に関する権利（当該会社の事業の用に供することを目的として有するものを除く。）

  iv 絵画、彫刻、工芸品その他の有形の文化的所産である動産、貴金属及び宝石（当該会社の事業の用に供することを目的として有するものを除く。）

  v 現金、預貯金その他これらに類する資産（経営承継受贈者又は経営承継相続人等に対する貸付金、未収金その他これらに類する資産を含む。）

② **資産運用型会社**

資産運用型会社とは、認定承継会社の相続の日の属する事業年度の直前の事業年度の開始の日からその猶予税額の期限が確定する日までの期間内のいずれかの事業年度における総収入金額に占める特定資産の運用収入の合計額の割合が100分の75以上となる会社をいう。

③ 認定承継会社の要件となる資産保有型会社又は資産運用型会社

資産保有型会社又は資産運用型会社のうち認定承継会社の要件となるものは、上記の資産保有型会社又は資産運用型会社（「資産保有型会社等」という。）のうち、相続の開始の時において、以下の全ての要件に該当するものをいう。

ア　資産保有型会社等の特定資産からその会社が有するその会社の特別関係会社（以下の要件の全てを満たすものに限る。）の株式等を除いても、その会社が資産保有型会社又は資産運用型会社に該当すること。
　（ア）　その特別関係会社が、相続の開始の日まで引き続き3年以上にわたり、商品の販売等財務省令で定める業務を行っていること。
　（イ）　相続の開始の時において、当該特別関係会社の常時使用従業員（経営承継相続人等及び当該経営承継相続人等と生計を一にする親族を除く。以下「親族外従業員」という。）の数が5人以上であること。
　（ウ）　相続の開始の時において、当該特別関係会社がその親族外従業員の勤務している事務所、店舗、工場その他これらに類するものを所有し、又は賃借していること。

イ　その資産保有型会社等が、以下の全ての要件を満たす資産保有型会社又は資産運用型会社でないこと。
　（ア）　その資産保有型会社等が、相続の開始の日まで引き続き3年以上にわたり、商品の販売等財務省令で定める業務を行っていること。
　（イ）　その相続の開始の時において、当該資産保有型会社等の親族外従業員の数が5人以上であること。
　（ウ）　その相続の開始の時において、当該資産保有型会社等の親族外従業員が勤務している事務所、店舗、工場その他これらに類するものを所有し、又は賃借していること。

④ 猶予税額を納付することとなる資産保有型会社又は資産運用型会社の要件

資産保有型会社等のうち、資産保有型会社等に該当することとなった日において、以下の全ての要件に該当すること。

ア　その資産保有型会社等の特定資産からその会社が有するその会社の特別

関係会社（以下の要件の全てを満たすものに限る。）の株式等を除いた場合も、その資産保有型会社等が資産保有型会社又は資産運用型会社に該当すること。
- (ア) 該当日において、その特別関係会社が、商品の販売等財務省令で定める業務を行っていること。
- (イ) 該当日において、その特別関係会社の親族外従業員の数が5人以上であること。
- (ウ) 該当日において、その特別関係会社の親族外従業員が勤務している事務所、店舗、工場その他これらに類するものを所有し、又は賃借していること。

イ その資産保有型会社等が以下の全ての要件を満たす資産保有型会社又は同資産運用型会社でないこと。
- (ア) 該当日において、その会社が、商品の販売等財務省令で定める業務を行っていること。
- (イ) 該当日において、その資産保有型会社等の親族外従業員の数が5人以上であること。
- (ウ) 該当日において、その資産保有型会社等の親族外従業員が勤務している事務所、店舗、工場その他これらに類するものを所有し、又は賃借していること。

(6) 第二次経営承継相続人がある場合の第一次経営承継相続人に係る相続税の納税猶予の適用要件

> Q 非上場株式等を相続又は遺贈により取得した相続人等が相続税の申告書の提出期限前にその申告書を提出しないで死亡しました。この場合、相続税の納税猶予の適用の可否と手続きを教えて下さい。

認定承継会社の非上場株式等の取得をした個人が第一次経営承継相続人等に該当し、第二次経営承継相続人等がある場合で以下の要件に該当する場合は、相続税の納税猶予の適用を受けることができる（措令40の8の2③、措通70の

7の2-6)。

① 第一次経営承継相続人等とは、当該被相続人からの相続又は遺贈によりその有する認定承継会社の非上場株式等の取得をした個人で、当該相続又は遺贈に係る同項に規定する相続税の申告書の提出期限前に当該相続税の申告書を提出しないで死亡したものをいう。

② 第二次経営承継相続人等とは、当該第一次経営承継相続人等からの相続又は遺贈により当該認定承継会社の非上場株式等の取得をした個人で、当該認定承継会社の経営を確実に承継すると認められる要件として財務省令で定めるものを満たしているものをいう。

③ 当該第一次経営承継相続人等に係る相続税の納税猶予の適用の有無は、経営承継相続人等を第二次経営承継相続人等と読み替えて判断する。

この場合において、当該第一次経営承継相続人等が当該被相続人の相続の開始の日の翌日から5月を経過する日前に死亡したときは、当該第一次経営承継相続人等の適用については、その個人が、その相続の開始の日の翌日から5月を経過する日において、その認定承継会社の代表権を有していることとみなし、当該第二次経営承継相続人等については、当該第一次経営承継相続人等はその死亡の日前において当該認定承継会社の代表権を有していたものとみなす。

④ 第二次経営承継相続人等は、第一次経営承継相続人等の相続等に係る相続税の期限内申告書にこの規定の適用を受ける旨を記載しなければなならない。

⑤ 第二次経営承継相続人等は、第一次経営承継相続人等の相続等に係る相続税の申告書の提出期限までに、第二次経営承継相続人等に係る納税猶予分担保を提供しなければならない。

5 非上場株式等の贈与者が死亡した場合の相続税の納税猶予

(1) 非上場株式等の贈与者が死亡した場合の手続き

> Q　先代から非上場株式の贈与を受け、贈与税の納税猶予を適用した場合で、先代が死亡した時は、どのような取扱いとなりますか。

　経営承継受贈者に係る贈与者が死亡した場合は、以下の一定の要件に該当する場合、その経営承継受贈者がその贈与者から相続により特例受贈非上場株式等を取得したものとみなす。

　なお、その相続税の期限内申告書にこの規定の適用を受けようとする旨の記載があり、かつその納税猶予分の相続税額とその利子税に相当する担保を提供した場合に限り適用する（措法70の7の3、70の7の4）。

┌──┐
│　贈与税の納税猶予の特例の適用を受けた非上場株式等　　　│
│　は、相続又は遺贈により取得したものとみなして、贈与の時　│
│　の価額により他の相続財産と合算して相続税を計算する。　　│
└──┘
　　　　　　　　　　　　↓
┌──┐
│　「中小企業における経営の承継の円滑化に関する法律」に基　│
│　づき、会社が特例の適用要件を満たしていることについて　　│
│　「経済産業大臣の確認」を受ける。　　　　　　　　　　　　│
└──┘
　　　　　　　　　　　　↓
┌──┐
│　相続税の申告期限までに、相続税の納税猶予の適用を受　　　│
│　ける旨を記載した相続税の申告書及び一定の書類を税務　　　│
│　署へ提出するとともに、納税が猶予される相続税額及び　　　│
│　利子税の額に見合う担保を提供する。　　　　　　　　　　　│
└──┘
　　　　　　　　　　　　↓
┌──┐
│　経営相続承継期間は毎年（第一種相続基準日）、それ　　　　│
│　以降は3年ごと（第二種相続基準日）に「継続届出書」を　　│
│　所轄税務署へ提出する。　　　　　　　　　　　　　　　　　│
└──┘

　経営相続承継期間とは、その贈与税の申告書の提出期限の翌日から5年を経過する日までの間に当該贈与者について相続が開始した場合には、当該相続の

5 非上場株式等の贈与者が死亡した場合の相続税の納税猶予

開始の日から当該5年を経過する日又は当該贈与に係る経営相続承継受贈者の死亡の日の前日のいずれか早い日までの期間をいう。

(2) 贈与税の納税猶予と相続税の納税猶予

> Q　父から非上場会社の株式を贈与され、贈与税の納税猶予を受けていました。その贈与は父の死亡によっての免除届出書を提出して免除されましたが、父の相続では、どのような手続きをするのでしょうか。

経営承継受贈者に係る贈与者が死亡した場合（その死亡の日前にその会社の合併等により納税の猶予に係る期限が確定していない場合及びその死亡の時以前にその経営承継受贈者が死亡した場合を除く。）は、その経営承継受贈者がその贈与者から相続（その経営承継受贈者がその贈与者の相続人以外の者である場合には、遺贈）により特例受贈非上場株式等（猶予中贈与税額に対応する部分に限る。）を取得したものとみなす。

この場合において、その死亡による相続又は遺贈に係る相続税の課税価格の計算の基礎に算入すべきその特例受贈非上場株式等の価額は、その贈与者から贈与により取得をした特例受贈非上場株式等のその贈与の時における価額を基礎として計算する。

なお、その相続税の期限内申告書にこの規定の適用を受けようとする旨の記載があり、かつその納税猶予分の相続税額とその利子税に相当する担保を提供した場合に限り適用する（措法70の7の3、70の7の4、措令4の8の3、措規23の10、措通70の7の3-1）。

① 対象となる認定相続承継会社は、中小企業における経営の承継の円滑化に関する法律2条に規定する中小企業者のうち経済産業大臣認定を受けた会社で、相続の開始の時において、以下の全ての要件を満たすものをいう。

ア　その会社の従業員で、以下に該当する常時使用従業員の数が1人以上であること。

（ア）厚生年金保険法、健康保険法等の被保険者で、これらの法律により

厚生労働大臣の確認があった者。
（イ）　その会社と２月を超えて雇用契約を締結している75歳以上の者。
イ　その会社が、上記４「相続税の納税猶予」（５）の要件に該当する資産保有型会社又は資産運用型会社に該当しないこと。
ウ　その会社の株式等及び特別関係会社のうちその会社と密接な関係を有する特定特別関係会社の株式等が、非上場株式等に該当すること。
エ　その会社及び特定特別関係会社が、風俗営業会社に該当しないこと。
オ　その会社が、中小企業における経営の承継の円滑化に関する法律２条に規定する中小企業者であること。
カ　その会社の特別関係会社が外国会社に該当する場合（その会社又はその会社との間に支配関係がある法人がその特別関係会社の株式等を有する場合に限る。）は、その会社の常時使用従業員の数が５人以上であること。
キ　その会社の相続の開始の日の属する事業年度の直前の事業年度における総収入金額（主たる事業活動から生ずる収入の額として財務省令で定めるものに限る。）が、零を超えること。ただし、その相続の開始の日がその相続の開始の日の属する事業年度の末日である場合は、その相続の開始の日の属する事業年度及びその事業年度の直前の事業年度における総収入金額が、零を超えること。
ク　その会社が種類の株式を発行する場合は、その種類の株式をその経営承継相続人等以外の者が有していないこと。
ケ　その会社の特定特別関係会社（外国会社に該当するものを除く。）が、中小企業における経営の承継の円滑化に関する法律２条に規定する中小企業者（３「贈与税の納税猶予」（２）①カを参照）に該当すること。

②　特例の対象となる株式等は、３「贈与税の納税猶予」（２）②「特例の対象となる株式等」の要件に該当する株式をいう。

③　特例の対象となる株式数

特例相続非上場株式等は、経営相続承継受贈者が相続の開始の時に有していたその株式等のうち、以下の区分に応じそれぞれの算式により算出した株式の

数等に達するまでの部分をいう。

　ア　当該特例受贈非上場株式等の特例対象贈与の直前において、当該経営相続承継受贈者がその認定相続承継会社の株式等（議決権に制限のないものに限る。）を有していた場合

$$A \times \frac{2}{3} - B$$

　イ　当該特例受贈非上場株式等の特例対象贈与の直前において、当該経営相続承継受贈者がその認定相続承継会社の株式等を有していない場合

$$A \times \frac{2}{3}$$

　　A：当該相続の開始の時における当該認定相続承継会社の発行済株式等（議決権に制限のない株式等に限る。）の総数
　　B：当該経営相続承継受贈者が当該特例対象贈与の直前において有していた当該認定相続承継会社の非上場株式等の数

④　経営相続承継受贈者は、3「贈与税の納税猶予」(2)④の贈与者で、以下の全ての要件を満たすものをいう。
　ア　その者が、相続の開始の時において、その特例受贈非上場株式等に係る認定相続承継会社の代表権を有していること。
　イ　その相続の開始の時において、その者及びその者と特別の関係がある者の有するその非上場株式等に係る議決権の数の合計が、その会社の総株主等議決権数の100分の50を超える数であること。
　ウ　その相続の開始の時において、その者と特別の関係がある者のうちいずれの者が有する当該非上場株式等に係る議決権の数を下回らないこと。

⑤　納税猶予相続税額の免除は、4「相続税の納税猶予」(2)⑥「納税猶予相続税額の免除」を準用する。

⑥　**他の納税猶予との適用関係等**
　ア　特例受贈非上場株式等についてこの規定の適用を受ける場合は、その贈

与者から相続又は遺贈により取得をした非上場株式等（その特例受贈非上場株式等に係る会社の株式等に限る。）については、相続税の納税猶予の適用を受けることができない。

イ 被相続人から相続又は遺贈により非上場株式等を取得した場合、或いは特例受贈非上場株式等について相続又は遺贈により取得をしたものとみなされた場合で、他の経営相続承継受贈者又は贈与税の納税猶予の適用を受けている経営承継受贈者若しくは相続税の納税猶予の適用を受けている経営承継相続人等がある場合は、この規定の適用を受けることができない。

（3） 猶予税額の計算

Q　納税猶予分の相続税額はどのように計算しますか。

猶予税額は、相続税の納税猶予を受ける場合の猶予税額に準じ、特例非上場株式等の特定価額は、特例相続非上場株式等の価額として計算する。

ただし、相続又は遺贈により取得をしたものとみなされる特例受贈非上場株式等の価額の計算は、次の算式により計算することができる。なお、認定相続承継会社等が外国会社又は医療法人の株式等を有する場合を除く（措法70の7の3②四、措令40の8の3⑧、措通70の7の3－1、70の7の4－6）。

$$A \times \frac{B}{C}$$

A：贈与者から特例対象贈与により取得した特例受贈非上場株式等の当該贈与の時における価額（贈与税の納税猶予分を算出した際の特例受贈非上場株式等の価額をいう。）

B：贈与者の死亡直前における経営承継受贈者の猶予中贈与税額

C：当該贈与者から特例対象贈与により取得した特例受贈非上場株式等に係る納税猶予分の贈与税額（特例受贈非上場株式等に係る納税猶予分の贈与税額をいう。）

（4） 贈与税の納税猶予と相続時精算課税の適用関係

> Q　先代が所有している非上場会社の株式のうち贈与税の納税猶予の特例の適用を受けるものと、受けないものがある場合、受けない株式について相続時精算課税を適用することはできますか。

　特例の適用を受けないこととして選択しなかった株式等については、以下のとおり、相続時精算課税の規定を適用することができる（措法70の7①、措通70の7-2、70の7-15）。

　贈与税の納税猶予は、同一年中に、異なる贈与者から同一の非上場株式等を贈与により取得した場合、異なる贈与者から複数の非上場株式等を贈与により取得した場合及び同一の贈与者から複数の非上場株式等を贈与により取得した場合における特例対象贈与の判定は、それぞれの認定贈与承継会社及び贈与ごとに行う。

（5） 贈与税の納税猶予と相続税の納税猶予の関係

> Q　父から非上場会社の株式を贈与され、贈与税の納税猶予を受けていました。父が死亡し、同じ非上場会社の株式を相続しました。この株式も相続税の納税猶予を受けることはできますか。また、贈与を受けたその株式について相続税の納税猶予を適用しない場合はどうですか。

　以下によって被相続人から相続により取得した非上場会社の株式は、相続税の納税猶予を選択することができない（措法9の7①、70の7の2①、70の7の4⑥、措通70の7の2-3）。

　相続税の納税猶予を適用できる株式等は、被相続人から相続又は遺贈により取得したものとみなされる特例受贈非上場株式等に係る認定承継会社の株式等を除くと定められているために、特例受贈非上場株式等について相続税の納税猶予の適用の有無にかかわらずその特例受贈非上場株式等については、相続税の納税猶予の適用を受けることができない。

第Ⅲ章 事業承継の税務

　上記の場合に、被相続人から相続又は遺贈によりその特例受贈非上場株式等の取得をしたものとみなされる場合に、その相続等により相続税額があり、その相続税の申告書の提出期限の翌日以後3年以内にその発行会社に譲渡した場合は、みなし配当課税の特例を選択することができる。

　ただし、贈与税の納税猶予の適用を受けた特例受贈非上場株式等について、その相続開始前に猶予中贈与税額の全部について期限が確定している場合は、相続の開始の時において相続等により取得したものとみなされる特例受贈非上場株式等はないこととなるため、同日において相続税の納税猶予の要件に該当する場合には適用をすることができる。

（山田　和江）

第Ⅳ章　事業承継の実務と対策

第Ⅳ章　事業承継の実務と対策

1　事業承継対策とは

> Q1：事業承継対策とは具体的に何をすればよいでしょうか。
> A1：事業承継とは、事業と財産を次世代に引き継ぐことをいいます。事業承継対策とは、その引継が円滑に進められるように計画的に準備することをいいます。

〈解説〉

　事業承継とは、一般的には同族会社のオーナー社長が、後継者に事業を承継させることをいう。この承継には経営の承継と、資産の承継の2つの側面がある。

　経営の承継とは文字通り、経営を次世代に承継させることであり、後継者への経営ノウハウ等を円滑に承継させることをいう。これは経営者としての資質を育てることなどを含む。

　資産の承継は、自社の株式を含む事業用資産の承継やオーナー社長の資産全般の承継をいう。

　この資産の承継においては、相続税・贈与税をいかに低く抑えて次世代にいかに事業に必要な資産を多く引き継がせるか、ということがポイントになる。

　昨今相続ならぬ「争続」という言葉も聞かれるところ、相続においては、後にトラブルとならない方法を事前に講じておくことも事業承継対策に含まれる。

　特に中小企業においては、経営者が自社の株式の大半を保有し、土地などの個人資産を会社の事業の用に供している場合が少なくない。

　このような場合では、事業承継に際して、後継者や会社が、自社の株式又は事業用資産の買取り及び多額の相続税の納付のために、多くの資金が必要になることがある。

　いずれにしても事前に計画を立て、引継が円滑に進められるようにすることを事業承継対策という。

1 事業承継対策とは

> Q2：事業承継の方法にはどのような方法がありますか。
> A2：事業承継には①親族に承継させる、②社内の役員・従業員に承継させる、③廃業もしくはM&Aを利用する、などの方法があります。

〈解説〉

　事業承継の方法は大きく分けて、親族内・社内に後継者がいる場合と後継者がいない場合とに分けられる。

　そのうち、親族内・社内に後継者がいる場合には、その後継者に事業が円滑に引き継がれるようにすると共に、株式・財産の分配をどのように行うかを考えていく。

　社内に後継者がいない場合には、M&Aを利用するなどして、外部から後継者を雇い入れたり、事業そのものの引き受け手がいない場合には廃業も視野に入れる。

　事業承継とは、事業の引継が円滑に進められるように計画的に準備することをいうのだから、まずは現状の把握をして会社の状況・オーナー自身の資産等の現状・後継者候補のリストアップをした上で、承継の方法を選定し後継者を確定させることが必要となる。

```
＜現状把握＞
（1）会社の状況
　・会社の資産・負債の状況
　・損益・キャッシュフローの状況と将来見込み
　・会社の競争力と将来見込み
　・従業員の数・年齢　等
（2）オーナーの状況
　・保有している自社の株式・不動産等財産の状況
　・個人資産の保証等の状況　等
（3）後継者候補の状況
　・親族内で候補者となり得るものがいるか
　・社内や取引先で後継者となり得るものがいるか
　・後継者候補の適正　等
（4）相続時に想定される状況
　・法定相続人及び相互の人間関係と株式保有状況
　・相続財産、相続税額、納税方法の検討　等
```

⇒ 事業承継計画の策定（事業承継の方法の選択）

第Ⅳ章　事業承継の実務と対策

> Q3：事業承継の方法として親族に承継させる場合、どのような点に留意すればよいでしょうか。
> A3：複数の相続人がいる場合、いかに相続紛争を避けつつ経営権や経営資源たる財産を後継者に集中させるかがポイントとなります。

〈解説〉

親族に承継させるということは、事業承継対策＝相続対策といって過言ではないほど、相続のことを強く意識していくことになる。

複数の相続人がいる場合、後継者以外の相続人が相続時に遺産分割に関して、会社の経営を揺るがすような要求をしないような対策が必要となる。

会社の経営と所有は分離することが可能である。ただし上場会社でもない限りは、所有と経営が分離していることで、経営が必ずしも安定的な状態にあるとはいい難い場合もある。

また後継者たる相続人に、事業用財産である株式や事業の用に供している不動産を集中できたとしても、相続税が多額に課されることにより、せっかく承継できた財産を処分するようなことがあっては、元も子もないことになる。

親族に承継させる場合には、相続紛争を避ける手段を講じつつ、相続対策を行うことになる。

> ＜相続紛争を避ける手段＞
> ・後継者以外の相続人の遺留分問題を解消させておく
> ・後継者以外の者が自社の株式を相続した場合には、会社から株式の売渡請求をできる旨、定款を変更する
> ・遺言書を作成しておく
> ・後継者以外の者が取得する自社の株式は、議決権をあらかじめ制限しておく　等

> ＜相続（税）対策のセオリー＞
> ・納税資金を確保する
> ・相続人へ生前の財産移転を行う（贈与の積極的活用）
> ・相続財産を圧縮する
> ・円滑な財産承継（遺言の活用）

> Q4：事業承継の方法として、社内の役員や従業員に承継させる場合はどのような点に留意すればよいでしょうか。
> A4：後継者となる人に、現経営者が所有する株式を買い取る資力があるかがポイントになります。

〈解説〉

　事業承継の方法として、社内の役員や従業員に承継させる場合、株式等を相続等により取得する親族内承継に比べて、所有と経営の分離が生じやすいといえる。後継者による経営を安定させるためには、株式の取得が必要となるが、現経営者との合意や株式買取資金が問題となる。

　経営権を掌握するために、後継者に議決権を集中させるが、他の親族にも、財産としての株式を承継させたいという場合には、後述する種類株式等の手法も活用できる。

　いずれにしても後継者は株式の取得のための資力があるかがポイントになる。

　社内の役員や従業員が後継者となる場合、サラリーマンである役員従業員には、自社の株式を買い取るだけの資力がないのが一般的である。

　こうした場合に、MBO（マネジメント・バイアウト：Management Buyout）という手法が利用できる場合がある。

　MBOは、会社の経営陣が事業の継続を前提に、オーナーから株式を取得して経営権を取得することをいう。

　この時の株式買取資金は、後継者を含む経営陣が資金を持ち寄る他、会社自身の財産や、会社の将来の収益を担保として金融機関から融資を受けたり、投資会社やファンドから出資を受けたりして調達する。

　なお、事業承継に関する制度融資もある。

第Ⅳ章　事業承継の実務と対策

〈事業承継における融資・保証制度〉――中小企業庁パンフレットより

1．円滑な事業承継のために必要となる資金

　事業承継の際に必要となる資金として、主に以下のようなものが考えられます。

> 〈主な資金ニーズ例〉
> ・後継者が、相続等で分散した自社株式や事業用資産を買い取るための資金。
> ・後継者が、相続や贈与によって自社株式や事業用資産を取得した場合の納税資金。
> ・役員や従業員が、株式や事業の一部を買い取って事業の承継を行うための資金。
> ・経営者の交代により信用状態が悪化し、銀行の借入条件や取引先の支払条件が厳しくなった場合。

2．必要な資金に対する低利融資と信用保証

　会社や、後継者である個人事業主あるいは代表者個人が資金を必要とする場合に、日本政策金融公庫あるいは沖縄振興開発金融公庫が低利融資制度により支援しています。

（1）低利融資
① 融資が受けられる場合
　a）会社又は個人事業主が、後継者不在などにより事業継続が困難となっている会社から、事業や株式の譲渡などにより事業を承継する場合。
　b）会社が株主から自社株式や事業用資産を買い取る場合。
　c）後継者である個人事業主が、事業用資産を買い取る場合。
　d）経営承継円滑化法に基づく認定※を受けた会社の代表者個人が、自社株式や事業用資産の買い取りや、相続税や贈与税の納税などを行う場合。
　　※経営承継円滑化法に基づく認定の手続については3．でご説明します。
② 融資の条件〈株式会社日本政策金融公庫（中小企業事業）の場合〉
　a）融資限度額：7億2千万円（うち運転資金4億8千万円）
　b）融資利率：通常1.55％の基準利率が適用されるところ、1.15％の特別利率①を適用。
　　　　　　　　　　　　　　　　（融資期間5年の場合、平成24年8月現在）
　　※上記は標準的な貸付利率です。適用利率は、信用リスク（担保の有無を含む）等に応じて所定の利率が適用されます。
　　※沖縄振興開発金融公庫における融資の条件については、裏面のお問い合わせ窓口にお問い合わせ下さい。

（2）信用保証
　経営承継円滑化法に基づく認定※を得た会社及び個人事業主が、事業承継に関する資金を金融機関から借り入れる場合には、信用保証協会の通常の保証枠とは別枠が用意されています。
　※経営承継円滑化法に基づく認定の手続については3．でご説明します。

	通常	拡大
普通保険（2億円）		＋2億円
無担保保険（8,000万円）		＋8,000万円
特別小口保険（1,250万円）		＋1,250万円

　※代表者個人は、信用保証協会の保証の対象となりません。

> Q5:身近に後継者がいない場合はどうすればよいでしょうか。
> A5:後継者がいない場合には、廃業もしくはM&Aを利用するなどの方法が考えられます。

〈解説〉

　後継者がおらず、事業の将来性がない場合、廃業という選択肢も考えられる。廃業では、従業員を解雇し、営業を停止し、会社に残った資産を換金し債務を弁済し、残余財産があれば株主に分配をする。

　また、身近な後継者に適任者がいない場合には、M&Aを利用することも考えられる。

　M&Aとは、会社そのものを売却するということであり、雇用の維持や取引先の仕事を確保しつつ、オーナーの老後の生活資金を得るために会社そのものを売却し、第三者に経営を承継させることをさす。

　M&Aの種類には、会社の全部を譲渡する方法と、一部を譲渡する方法に分けられる。

会社の全部を譲渡する方法	会社の一部を譲渡する方法
①株式の売却 　オーナーが所有している株式を第三者に売却をすること。 　オーナーが代わるだけで、会社の内容は一切変わらない。	①会社分割 　会社分割は、会社の一部の事業部門等を他の会社に売却する手法。 　事業承継を考えた場合、事業そのものは分割をして他の会社に売却し、事業に関連しない不動産等はオーナーが稼得した資産として、そのまま会社に残す方法等も取られる。
②合併 　合併は会社の全資産・負債・従業員を丸ごと他の会社に売却する手法。 　一切の財産・負債・権利義務・契約は包括的に合併した会社に引き継がれる。	②事業の一部譲渡 　事業譲渡は、個別の事業を売却する方法。売却の対象となるのは、工場、機械等の資産に加え、ノウハウ等の知的財産や顧客、事業に従事する従業員など、事業として一体をなすものとなる。
③株式交換 　株式交換は、自社の株式と他社の株式を交換すること。この場合売り手企業は、交換先の会社の100％子会社になる。	

　どの手法を選択するのかは、会社の事情によって異なることとなるが、事業承継の方法としてM&Aを選択した場合、自力で相手先を見つけることは困

難である場合が多い。

このため一般的には、まずは仲介機関に相談することになる。

M&Aの仲介機関には取引先金融機関や顧問税理士、弁護士、商工会議所、M&A専門業者などがあり、また中小企業庁では事業引継相談窓口や事業引継支援センターを設置している。

> Q6：相続紛争を避けるために遺言書を書きたいが、遺言書はどのように書けばよいでしょうか。
> A6：遺言書は3つの種類がありますが、一番確実な遺言書は公正証書遺言です。

〈解説〉

遺言は、自らの亡き後、どのように財産を承継させるのか、生前に意思表示をする有効な手段である。昨今急増している遺産分割トラブルの大半が、財産の承継に関して被相続人の意思がはっきりしていないために起きているといえる。遺言で明確な意思を表明しておくのは、相続トラブルを避けるために不可欠である。

遺言書には3種類ある。それぞれに特徴があるが、それぞれの特徴を十分理解し、自分に合った遺言書を残すべきである。

遺言書の種類	自筆証書遺言	公正証書遺言	秘密証書遺言
特徴	全文を自分で記載し、日付を入れ、署名し、押印する。	公証人に作成してもらった遺言書。公証人役場に行って作成。	遺言内容は自分で書き、公証人にその遺言を証明してもらう。
具体的方法	本人が全文を自分の手で書く。 何度でも書き直しが可能。 書き直した場合、日付の新しいものが有効。	印鑑証明、住民票、戸籍謄本、登記簿謄本、評価証明書などを用意し、2名以上の証人と共に、公証人役場へ行き、遺言の内容を口述して、公証人に遺言書を作成してもらう。	遺言書を自分で作成し、署名・押印して、封筒に入れ封印する。それを2名以上の証人と共に、公証人役場へ行き、自分の遺言書であることを申し出て、関係者が署名押印する。

保管方法	遺言者本人が保管	遺言書は本人と公証人役場のそれぞれで保管	遺言者本人が保管
留意点	➢ 自筆証書遺言書の開封は家庭裁判所での検認が必要 ➢ 印鑑は認印でも可 ➢ 以下の場合は無効 ・自筆でないもの（他人に書いてもらったもの） ・ワープロで作成されたもの ・作成日付無し	➢ 遺言により相続させる財産の価額により、公正証書作成手数料がかかる ➢ 遺言内容の取消等には、再度手続きが必要（手間とコストがかかる）	➢ 遺言は自筆でなくても可 ➢ 秘密証書遺言の作成手数料がかかる ➢ 遺言内容の取消等には、再度手続きが必要（手間とコストがかかる） ➢ 遺言書そのものを自分で書くため、記載内容に法的不備が生じる可能性がある

Q7：事業承継において、種類株式が使えると聞きましたが、どのようなものがあり、どのように利用するのでしょうか。

A7：種類株式は会社法で9種類があげられており、事業承継においては議決権を制限・拡大したり、強制的に会社に買い取らせたり、という使い方ができます。

〈解説〉

（1） 種類株式の種類

会社法108条は、次に掲げる事項について異なる内容の二以上の種類の株式を発行することができるとして、以下の9項目をあげており、その異なる内容を定めた株式を種類株式という。

① 剰余金の配当
② 残余財産の分配
③ 株主総会において議決権を行使することができる事項（議決権制限）
④ 譲渡による株式の取得について会社の承認を必要とすること（譲渡制限）
⑤ 株主が会社に対してその取得を請求することができること（取得請求

権)
⑥　会社が一定の事由が生じたことを条件として株式を取得できること（取得条項）
⑦　会社が株主総会の決議によってその種類株式の全部を取得すること（全部取得条項）
⑧　株主総会（取締役会設置会社にあっては株主総会又は取締役会）において決議すべき事項のうち、株主総会決議のほか、種類株主総会の決議があることを必要とすること（拒否権）
⑨　種類株主総会において取締役又は監査役を選任すること（役員選任権）

（2）　種類株式の使われ方（活用方法）

事業承継における種類株式は、それぞれの目的に応じた使われ方をする。

事業承継とは議決権の承継でもあるため、種類株式は事業承継においても重要な役割を果たすことができる。

以下に事業承継における種類株式の活用方法をいくつか紹介する。

①　配当優先の無議決権株式

　　オーナー経営者から従業員持株会等に配当優先の議決権のない株式を譲渡することにより、オーナー経営者は会社の支配権を維持しつつ持ち株数を減らすことができる。

　　また親族外承継を選択したとき、オーナー経営者の親族以外の者が経営を承継することになるが、親族の保有する株式を配当優先の無議決権株式にすることで、会社支配権は事業を承継する者に譲り、配当だけをオーナー経営者の親族（遺族等）に受け取らせることができる。

　　事業承継の視点で無議決権株式の利用を考えるとき、後継者以外の者が取得する株式を無議決権株式としておくことは、経営の安定化に有効である。

②　取得請求権付株式

　　取得請求権付株式とは、株主から取得請求があった場合、会社が株式を取得しなければならない株式をいう。

　　上記①で紹介したとおり、後継者以外の者が取得する株式を無議決権株

式とした場合、株主から、いつでも株式の買取りを求めることができる取得請求権付株式にすれば、換金可能性を確保できるので、後継者以外の者にとっては現実的であるといえる。

また、後継者が取得する株式を取得請求権付株式とした場合には、売却資金を相続発生時の納税資金とすることができる。

③ 取得条項付株式

取得条項付株式とは、一定事由が生じたことを条件として、会社がその株式を強制的に取得することができる株式をいう。

後継者以外の者が相続する株式を取得条項付株式にしておけば、会社はその株式を買い取る事が可能となるため、株式を取得した者の死亡等で相続が発生すること等により、さらに株式が分散することを防止することができる。

④ 拒否権付株式

拒否権付株式とは、株主総会や取締役会において決議すべき事項について、種類株主総会の決議があることを必要とするものをいう。

事業承継の際に、相続時精算課税制度（78頁を参照）等を利用して、オーナー経営者から後継者へ株式の大部分を移転させた時に、移転後も経営上の重要な決定についてオーナー経営者が最終的な決断についての決定権を持っていたいとき、オーナー経営者がこの拒否権付株式を1株保有することによりそれが可能になる。

（3） 種類株式の活用上の留意事項

種類株式を発行すると、事業承継がスムーズにできることは上記のとおりである。

ただし、種類株式導入にあたっては、その種類株式をいつどのように発行するかだけではなく、出口をにらんだ計画が必須となる。つまり、いつ種類株式を終了させるのか、その終了の方法をどのようにするのか、という視点が大切となる。その種類株式の終了のさせ方として、取得条項付の種類株式とするというのも有効である。

また種類株式については、税務上の取扱いが不明な点も多い。種類株式の評

価については、配当優先株式、無議決権株式、社債類似株式、拒否権付株式の4種類のみ、国税庁が文書回答事例で評価方法を公表しているだけとなっている。事業承継対策として種類株式を利用する場合には、評価だけでなく、相続税や所得税を含む税務面での取扱いを十分理解した上で利用しないと、リスクを抱えることとなることに留意が必要である。

2　納税資金の対策と自社株の対策

> Q8：納税資金の確保で、留意すべき事項は何でしょうか。
> A8：納税資金の確保とは、相続人に財産を生前に移転させることであり、資産の選定や移転方法に留意する必要があります。

〈解説〉

　事業承継対策が功をそうして、無事承継者に事業用資産を移すことができても、相続が発生し、その納税のために承継した事業用資産を手放すようなことがあっては、事業承継対策が成功したとはいえない。

　したがって事業承継対策は、相続が発生したときの納税資金の確保まで考えて立案されなければならない。

　納税資金の確保は、被相続人に、納税資金たる現預金もしくは換金性の高い資産が潤沢にあればよいというわけではない。被相続人に財産が残ったまま相続をむかえることは、その残った財産に相続税が課され、課税後の残りの財産しか相続人に承継されないので、積極的に生前に財産を移転させておくべきである。

　生前に財産を移転させる場合、その移転が無償であれば贈与税が課されることとなる。贈与税は相続税にくらべ税率が高いことから、相続税・贈与税の仕組みをよく考え、また贈与税の税制上の特典等を利用しつつ財産を移転させていく。

　そして、将来価値が増加すると見込まれるもの（値上りが期待できるもの）や、収入が見込める財産（例えば賃貸用不動産や継続的に配当のある株式）から移転させていくのである。

第Ⅳ章　事業承継の実務と対策

> Q9：納税資金としての生命保険活用方法について教えて下さい。
> A9：生命保険は、相続税を計算する時に非課税の枠が取れます。ただし契約内容に留意する必要があります。

〈解説〉

生命保険に加入する目的は、遺族の生活資金にすることや納税資金とすることなどの目的がある。相続税を考えた場合、相続により取得した生命保険金については、500万円に法定相続人の数を乗じた金額については、相続税がかからないこととなっているため、節税対策としても有効である。

また生命保険金は、遺産分割の対象外の財産で、保険契約で指定されている受取人固有の財産となり、遺産争いの対象となる財産からは除かれる。

すなわち財産を渡したい相続人に確実に現金を渡すことができるのである。

ただし保険契約の内容によって、相続税の課税となるものと贈与税又は所得税の課税となるものがある。

> <生命保険のメリット>
> ・相続税が課税される場合、「500万円×法定相続人の数」までの金額が非課税となる
> ・遺産分割協議の対象外（渡したい人に現金を渡せる）

生命保険金の課税関係

被保険者	契約者（保険料負担者）	保険金受取人	課税関係	課税対象額
夫	夫	妻・子	相続税	保険金－（500万円×法定相続人の数）
夫	妻	子	贈与税	保険金額
夫	子	子	所得税	（保険金額－支払った保険料－50万円）×1／2

上記のとおり、相続税の課税関係となるのは、保険料の負担者が被相続人の場合のみであり、保険料負担者と保険金受取人が異なる場合には贈与税が、保険料負担者と保険金受取人が同一である場合は所得税がかかることになるので注意が必要である。

2 納税資金の対策と自社株の対策

> Q10：生前贈与を考えています。贈与税の基本的な仕組みと有効な贈与方法について教えて下さい。
> A10：年間110万円が非課税となっており、贈与税の税率は累進構造となっています。

〈解説〉

　贈与税は、毎年1月1日から12月31日までの間に贈与を受けた財産の合計額に課税される。贈与税を納めるのは贈与を受けた個人となる。

　この贈与は、現金や不動産など価値のあるものの贈与だけではなく、借金を免除してもらったことによる利益や、預金口座や株券、不動産などの名義を変更したことによる利益も贈与として課税される。

　贈与税には非課税となる金額があり、基礎控除額である110万円を超える金額が贈与税の課税財産となる。

　例えば毎年110万円の現金の贈与を10年間行うと、贈与税が課税されることなく1,100万円の現金を移転させることができるが、毎年110万円ずつの現金での連年贈与の場合、本当に贈与があったのかどうか、贈与事実の認定について、後に税務署とのトラブルになることがあるので留意が必要である。贈与の証拠として、贈与契約書の作成や贈与事実の確認として通帳を通して贈与を行うなどが必要となる。

　なお、平成27年1月1日以降の贈与については、贈与税の最高税率が55％に上がると共に税率の区分が8段階となり、適用される贈与税率について20歳以上の直系卑属に対する贈与については、それ以外の贈与と異なる税率が適用されることとなる（詳しくは、77頁参照）。

　相続税の計算においては、相続開始前3年以内にした贈与財産は、相続税の課税価格に算入されることとなるが、この規定は、孫などの相続権のない者に対して行われた贈与は含まれない。さらに孫への贈与は世代飛び越しの効果（相続税の課税を受けない財産の移転）もあるので、孫への贈与は積極的に活用したい。

第Ⅳ章　事業承継の実務と対策

> Q11：相続が発生した後、納税資金捻出のため、相続で取得した株式を発行会社に売却することを考えています。課税関係を教えて下さい。
> A11：相続により取得した株式を発行会社に譲渡した場合、みなし配当の適用がなく、譲渡所得として所得税が課税されるほか、その譲渡所得の計算上、その相続で支払った相続税を取得費に算入することができます。

〈解説〉

相続が発生した後、その相続により取得した株式を発行会社に売却することができれば、納税資金の捻出となる。

発行会社が自社の株式を取得することを自己株式の取得というが、相続が発生した時に、発行会社が相続人から自己株式の取得を行った場合、一定の要件を充足する場合には、相続人にとって課税上有利に扱われる。

会社が自己株式を取得する場合には、特定の株主からの取得として株主総会の決議によって取得する場合の他、相続人に対する売渡の請求に関する定款の定めにより取得する場合や、取得請求件付種類株式等の取得による場合などがある。いずれにしても、相続開始後3年10か月以内に行われた相続人等からの自己株式の取得で一定の要件を満たすものは、みなし配当は発生せず、その譲渡による所得は譲渡所得課税となり、さらに納めた相続税は、その譲渡所得の計算上取得費に加算することができる。

つまり相続税の納税資金捻出のために、相続により取得した株式を発行会社へ譲渡することによる課税は優遇されており、発行会社に買い取ってもらう方法もあるといえる。

> 〈みなし配当課税がされない要件〉（詳しくは128頁参照）
> ・相続税額があること
> ・相続開始日後3年10か月以内の譲渡であること
> ・一定の書類を税務署へ提出すること

> Q12：自社株の対策は何を考えればよいのでしょうか。
> A12：自社株の対策は、評価額を引き下げることと、早期に移転させることとを考えます。

〈解説〉

事業承継対策は自社株対策であると言い換えることができる。自社株式を後継者に移転させる際、相続・贈与による移転であっても、売買による移転であっても、いずれの方法によっても自社株式の評価額が高ければ、それだけ移転に要するコストは高くなる。移転コストが高ければ、移転そのものが困難になる場合もあり得る。

自社株式の評価方法は、非上場株式であれば、第Ⅱ章2．財産の評価で説明したとおり原則的評価方法として①類似業種比準価額方式による評価、②純資産価額方式による評価、③①と②の併用方式（併用割合は会社の規模により決まっている）などの評価方法により評価するが、評価額を下げるにはいくつかのポイントがある。

また業績の良い会社であれば、年々株価は上がっていくので、株価の低いうちに少しずつでも移転させる。

評価額を下げるポイント

①類似業種比準価額方式の評価引き下げポイント
　株式評価のベースとなる3つの要素を下げる
　・「利益」の要素を下げる→法人税における所得を下げる
　・「配当」の要素を下げる→通常の配当率を極力下げる
　・「純資産」の要素を下げる→（②と同じ）
②純資産価額方式における評価引き下げのポイント
　上記①の法人税における所得を下げることにも連動するが、
　資産の計上を少なくし、負債の計上を多くすることがポイントとなる
　・不良在庫、滞留資産を処分する
　・含み損を抱えた資産を売却する
　・役員退職金を活用する
　　（生前退職金＝分掌変更退職金については、実質的に経営に関与しない等の税務上の要件に留意する必要がある）
　・生命保険等を活用する　　等

3 非上場株式の納税猶予制度

> Q13：非上場株式の納税猶予について教えて下さい。
> A13：非上場株式の納税猶予は、贈与税の納税猶予と相続税の納税猶予の2つがあります。

〈解説〉

非上場株式の納税猶予には、贈与税の納税猶予と相続税の納税猶予の2つがある。この2つを合わせて事業承継税制という。

> ＜相続税の納税猶予＞
> 先代経営者の相続又は遺贈により、その親族である後継者が取得した自社株式（※1）の80％部分の相続税が猶予される
>
> （※1）相続前から後継者がすでに保有していた株式を含め、発行済議決権株式総数の2/3に達するまでの部分に限る

> ＜贈与税の納税猶予＞
> 先代経営者からの贈与により、その親族である後継者が取得した自社株式（※2）に対応する贈与税の納税が猶予される
>
> （※2）贈与前から後継者がすでに保有していた株式を含め、発行済議決権株式総数の2/3に達するまでの部分に限る

納税猶予を続けるためには、次の主な要件を満たす必要があり、満たせなかった場合には、納税猶予額の全額又は一部の納付が必要となる（後継者が死亡した場合等には、猶予税額の納税免除）。

	主な要件【相続税・贈与税共通】	満たせなかった場合
申告期限後5年間	○後継者が会社の代表者であること ○雇用の8割以上を維持していること ○後継者が筆頭株主であること ○上場会社、風俗営業会社に該当しないこと ○猶予対象株式を継続保有していること ○資産管理会社に該当しないこと	全額納付
経過後	○猶予対象株式を継続保有していること	➡ 譲渡した株式の割合分だけ納付
	○資産管理会社に該当しないこと	➡ 全額納付

3 非上場株式の納税猶予制度

> Q14:非上場株式の相続税の納税猶予制度の流れについて教えて下さい。
> A14:非上場株式の相続税の納税猶予制度の流れは以下のとおりとなっています。

〈解説〉相続税の納税猶予制度の流れ

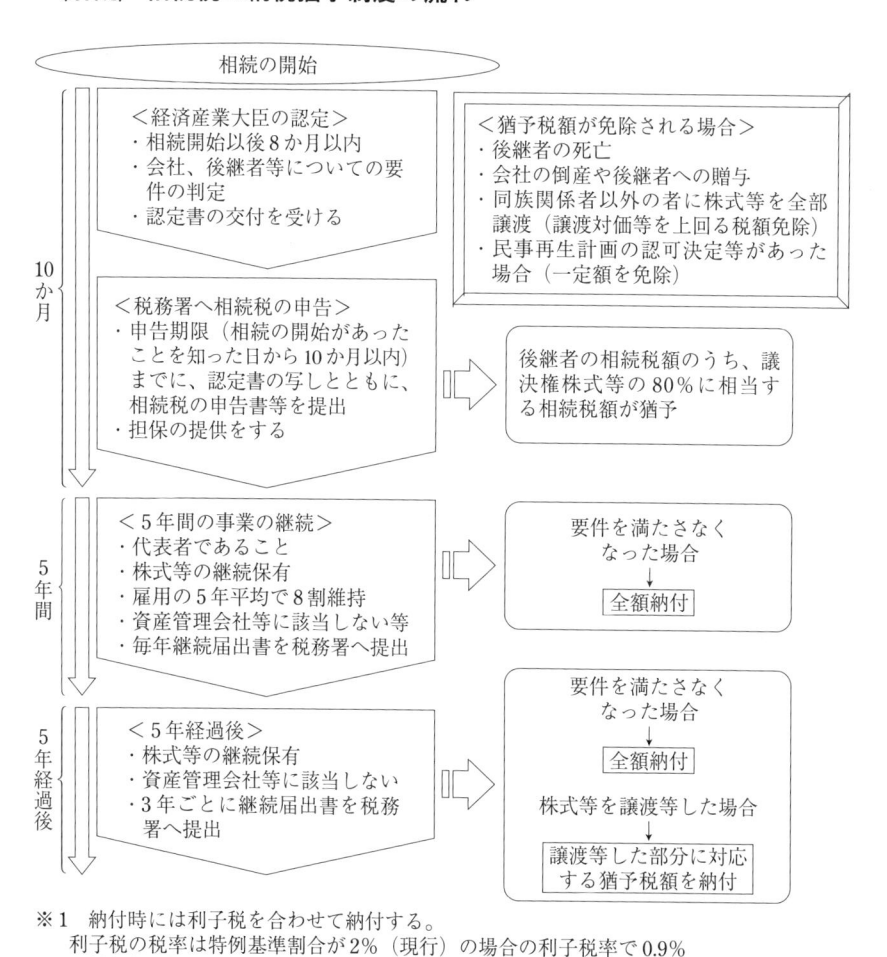

相続の開始

10か月

<経済産業大臣の認定>
・相続開始以後8か月以内
・会社、後継者等についての要件の判定
・認定書の交付を受ける

<猶予税額が免除される場合>
・後継者の死亡
・会社の倒産や後継者への贈与
・同族関係者以外の者に株式等を全部譲渡(譲渡対価等を上回る税額免除)
・民事再生計画の認可決定等があった場合(一定額を免除)

<税務署へ相続税の申告>
・申告期限(相続の開始があったことを知った日から10か月以内)までに、認定書の写しとともに、相続税の申告書等を提出
・担保の提供をする

⇒ 後継者の相続税額のうち、議決権株式等の80%に相当する相続税額が猶予

5年間

<5年間の事業の継続>
・代表者であること
・株式等の継続保有
・雇用の5年平均で8割維持
・資産管理会社等に該当しない等
・毎年継続届出書を税務署へ提出

⇒ 要件を満たさなくなった場合
↓
全額納付

5年経過後

<5年経過後>
・株式等の継続保有
・資産管理会社等に該当しない
・3年ごとに継続届出書を税務署へ提出

⇒ 要件を満たさなくなった場合
↓
全額納付

株式等を譲渡等した場合
譲渡等した部分に対応する猶予税額を納付

※1 納付時には利子税を合わせて納付する。
　　利子税の税率は特例基準割合が2%(現行)の場合の利子税率で0.9%
※2 納税猶予期間が5年を超える場合には事業承継期間(5年間)の利子税は免除

> Q15：納税猶予を受けるための要件を教えて下さい。
>
> A15：納税猶予を受けるための主な要件は以下のとおりです。

〈解説〉

納税猶予を受けるための主な要件は以下のとおりである。

（1） 会社の主な要件（詳細は135頁，143頁参照）

➢ 中小企業者であること

【中小企業者】

業種目	資本金	従業員数
製造業その他	3億円以下	300人以下
製造業のうちゴム製品製造業 （自動車又は航空機用タイヤ及び チューブ製造業並びに工業用ベルト製造業を除く）	3億円以下	900人以下
卸売業	1億円以下	100人以下
小売業	5,000万円以下	50人以下
サービス業	5,000万円以下	100人以下
サービス業のうちソフトウェア業又は情報処理サービス業	3億円以下	300人以下
サービス業のうち旅館業	5,000万円以下	200人以下

（資本金「又は」従業員数）

➢ 上場会社、風俗営業会社でないこと

➢ 従業員が1人以上いること

➢ 資産管理会社に該当しないこと　等

【資産管理会社（資産保有型会社と資産運用型会社）】

$$資産保有型会社 \cdots \frac{特定資産の合計額}{総資産額} \geq 70\%$$

$$資産運用型会社 \cdots \frac{特定資産の運用収入の合計額}{総収入金額} \geq 75\%$$

（注）「特定資産」とは次に掲げる資産をいう。

① 有価証券等

② 現に自ら使用していない不動産
③ ゴルフ会員権・レジャー会員権
④ 絵画、彫刻、工芸品、貴金属等
⑤ 現預金、代表者・同族関係者等に対する貸付金・未収金

(2) 被相続人（贈与者）の主な要件（詳細は137頁，146頁参照）

➢ 会社の代表者であったこと
➢ 同族関係者と合わせて総株主等議決権数の50％超を保有していること
➢ 同族関係者内で筆頭株主であったこと
➢ 贈与の場合は、贈与時に代表者を退任していること（代表を退任するだけでよく、引き続き役員であっても納税猶予の対象となる）等

贈与の場合、平成25年度の税制改正前は「先代経営者（贈与者）は、贈与時に役員を退任していなければならないこと」という要件が付されており、改正後は上記のとおり、贈与時に代表者を退任していればよく、引き続き役員であっても納税猶予の適用が受けられることとなった。

(3) 経営承継相続人等（相続人（受贈者））の主な要件
　　（詳細は137頁，138頁，145頁参照）

➢ 同族関係者と合わせて総株主等議決権数の50％超を保有していること
➢ 同族関係者内で筆頭株主であること
➢ 相続開始の直前において役員であり、相続開始から5か月後において代表者であること（相続税の納税猶予の場合）
➢ 会社の代表者であり、贈与日において20歳以上であり、役員就任から3年以上経過していること（贈与税の納税猶予の場合）

経営承継相続人等の要件について、平成25年度の税制改正前は「先代経営者の親族であること」とする要件があったが、改正後は上記のとおり、この要件は廃止され、親族でない者が後継者となった場合であっても、その後継者について同制度の適用が受けられることとなった。

> Q16：相続税の納税猶予を受けるための手続きを教えて下さい。
> A16：相続税の納税猶予を受けるための手続きは以下のとおりです。

〈解説〉

　相続税の納税猶予の手続きは、相続の開始の日の翌日から8月を経過する日までに、所定の申請書及び添付書類を経済産業大臣に提出し、認定の申請をする必要がある。申請書には下記の書類を添付する。

- 定款の写し
- 株主名簿の写し
- 登記事項証明書
- 遺言書の写し、株式等の取得の事実を証する書類及び相続税の見込額を記載した書類
- 従業員数証明書
- 貸借対照表、損益計算書などの会社計算書類
- 上場会社等又は風俗営業会社に該当しない旨の誓約書
- 特別子会社及び特定特別子会社に関する誓約書
- 戸籍謄本等
- 固定施設に係る登記事項証明書、賃貸借契約書　他

経済産業大臣は、認定した際には、申請者に対して認定書を交付する。
　その交付された認定書を添付して、相続税の申告期限までに、相続税の納税猶予の適用を受ける旨を記載した相続税の期限内申告書に一定書類を添付して税務署へ提出をする。なお、この時に納税猶予に係る担保の提供を行う。

（参考資料：認定申請書）

様式第8

認定申請書
(施行規則第6条第1項第8号の事由に該当する場合)

年　月　日

経済産業大臣名　殿

郵　便　番　号
会　社　所　在　地
会　　社　　名
電　話　番　号
代表者の氏名　　　　　　　印

　中小企業における経営の承継の円滑化に関する法律第12条第1項の認定（同法施行規則第6条第1項第8号の事由に係るものに限る。）を受けたいので、下記のとおり申請します。

記

1　特別相続認定中小企業者について

主たる事業内容		
資本金の額又は出資の総額		円
相続の開始の日		年　月　日
相続認定申請基準日		年　月　日
相続税申告期限		年　月　日
常時使用する従業員の数	相続の開始の時	相続認定申請基準日
	(a) + (b) + (c) − (d) 人	(e) + (f) + (g) − (h) 人
厚生年金保険の被保険者の数	(a) 人	(e) 人
70歳以上75歳未満である健康保険の被保険者の数（*1）	(b) 人	(f) 人
70歳以上であって（*1）に該当しない常時使用する従業員の数	(c) 人	(g) 人
役員（使用人兼務役員を除く。）の数	(d) 人	(h) 人

第Ⅳ章　事業承継の実務と対策

施行規則第16条の確認（施行規則第17条第1項又は第2項の変更の確認をした場合には変更後の確認）に係る確認事項	確認の有無	有□　　無□
	確認の年月日及び番号	年　月　日（　　号）
	特定代表者の氏名	
	特定後継者の氏名	
	新たに特定後継者となることが見込まれる者の氏名	

相続認定申請基準事業年度（　年　月　日から　年　月　日まで）における特定資産等に係る明細表

	種別	内容	利用状況	帳簿価額	運用収入
有価証券	特別子会社の株式又は持分（(*2)を除く。）			(1)　円	(12)　円
	資産保有型子会社又は資産運用型子会社に該当する特別子会社の株式又は持分(*2)			(2)　円	(13)　円
	特別子会社の株式又は持分以外のもの			(3)　円	(14)　円
不動産	現に自ら使用しているもの			(4)　円	(15)　円
	現に自ら使用していないもの			(5)　円	(16)　円
ゴルフ場その他の施設の利用に関する権利	事業の用に供することを目的として有するもの			(6)　円	(17)　円
	事業の用に供することを目的としないで有するもの			(7)　円	(18)　円
絵画、彫刻、工芸品その他の有形の文化的所産である動産、貴金属及び宝石	事業の用に供することを目的として有するもの			(8)　円	(19)　円
	事業の用に供することを目的としないで有するもの			(9)　円	(20)　円
現金、預貯金等	現金及び預貯金その他これらに類する資産			(10)　円	(21)　円

3 非上場株式の納税猶予制度

	経営承継相続人及び当該経営承継相続人に係る同族関係者等(施行規則第1条第12項第2号ホに掲げる者をいう。)に対する貸付金及び未収金その他これらに類する資産			(11) 円	(22) 円
特定資産の帳簿価額の合計額	(23) = (2) + (3) + (5) + (7) + (9) + (10) + (11) 円		特定資産の運用収入の合計額	(25) = (13) + (14) + (16) + (18) + (20) + (21) + (22) 円	
資産の帳簿価額の総額	(24) 円		総収入金額	(26) 円	
相続認定申請基準事業年度終了の日以前の5年間(相続の開始の日前の期間を除く。)に経営承継相続人及び当該経営承継相続人に係る同族関係者に対して支払われた剰余金の配当等及び損金不算入となる給与の金額			剰余金の配当等	(27) 円	
			損金不算入となる給与	(28) 円	
特定資産の帳簿価額等の合計額が資産の帳簿価額等の総額に対する割合	(29) = ((23) + (27) + (28)) / ((24) + (27) + (28)) %		特定資産の運用収入の合計額が総収入金額に占める割合	(30) = (25)/(26) %	
会社法第108条第1項第8号に掲げる事項について定めがある種類の株式(*3)の発行の有無				有□ 無□	
(*3)を発行している場合にはその保有者	氏名(会社名)		住所(会社所在地)		

2 被相続人及び経営承継相続人について

総株主等議決権数	相続の開始の直前	(a)	個
	相続の開始の時	(b)	個
被相続人	氏名		
	最後の住所		
	相続の開始の日の年齢		
	代表者であった時期	年 月 日から 年 月 日	

第Ⅳ章　事業承継の実務と対策

		代表者であって、同族関係者と合わせて申請者の総株主等議決権数の100分の50を超える数を有し、かつ、いずれの同族関係者（経営承継相続人となる者を除く。）が有する議決権数をも下回っていなかった時期 (*)		年　月　日から　年　月　日	
		(*)の時期における総株主等議決権数		(c)　　　　　　　　　　　　個	
		(*)の時期における同族関係者との保有議決権数		(d) + (e)　　　　　　　　　個 ((d) + (e))／(c)　　　　　％	
		(*)の時期における保有議決権数及びその割合		(d)　　　　　　　　　　　　個 (d)／(c)　　　　　　　　　％	
		(*)の時期における同族関係者	氏名（会社名）	住所（会社所在地）	保有議決権数及びその割合
					(e)　　　　　　　　　　　　個 (e)／(c)　　　　　　　　　％
		相続の開始の直前における同族関係者との保有議決権数の合計及びその割合		(f) + (g)　　　　　　　　　個 ((f) + (g))／(a)　　　　　％	
		相続の開始の直前における保有議決権数およびその割合		(f)　　　　　　　　　　　　個 (f)／(a)　　　　　　　　　％	
		相続の開始の直前における同族関係者	氏名（会社名）	住所（会社所在地）	保有議決権数及びその割合
					(g)　　　　　　　　　　　　個 (g)／(a)　　　　　　　　　％
経営承継相続人	氏名				
	住所				
	相続の開始の直前における被相続人との続柄				
	相続の開始の日の翌日から5月を経過する日における代表者への就任の有無			□有　□無	
	相続の開始の直前における役員への就任の有無			□有　□無	
	相続の開始の時における同族関係者との保有議決権数の合計及びその割合			(h) + (i) + (j)　　　　　　個 ((h) + (i) + (j))／(b)　　％	
	保有議決権数及びその割合	相続の開始の直前	(h)　　　　　個 (h)／(b)　　％	被相続人から相続又は遺贈により取得した数 (*1)	(i)　　　　　個
		(*1)のうち租税特別措置法第70条の7の2第1項の適用を受けようとする株式等に係る数 (*2)		(j)　　　　　　　　　　　　個	

3 非上場株式の納税猶予制度

		(*2）のうち相続認定申請基準日までに譲渡した数		個	
	相続の開始の時における同族関係者	氏名（会社名）	住所（会社所在地）	保有議決権数及びその割合	
				(j)　　　　　　個 (j)／(b)　　　　％	

3　相続の開始の時以後における特別子会社について

区分	特定特別子会社に　該当／非該当
会社名	
会社所在地	
主たる事業内容	
資本金の額又は出資の総額	円
総株主等議決権数	(a)　　　　　　　　　個

株主又は社員	氏名（会社名）	住所（会社所在地）	保有議決権数及びその割合
			(b)　　　　　　個 (b)／(a)　　　　％

（大塚　直子）

監修者・編集者　紹介

大野　正道（おおの　まさみち）監修・序章担当
　　1949年　富山県生まれ
　　1972年　東京大学法学部卒業
　　2008年　博士（法学）（筑波大学）
　　筑波大学大学院教授、弁護士（第二東京弁護士会）
　　非公開会社法研究会　代表

北沢　豪（きたざわ　つよし）第Ⅰ章担当
　　1955年　長野県生まれ
　　1980年　東北大学法学部 卒業
　　1982年　弁護士登録
　　木挽町総合法律事務所　パートナー

山田　和江（やまだ　かずえ）第Ⅲ章担当
　　筑波大学大学院　ビジネス科学研究科企業法学修了
　　1983年　税理士登録
　　税理士法人東京合同　代表社員

栁田　美恵子（やなぎだ　みえこ）第Ⅱ章担当
　　早稲田大学大学院法学研究科修士課程修了
　　筑波大学大学院　ビジネス科学研究科企業科学専攻企業法コース（博士課程）在学中
　　2002年　税理士登録
　　栁田美恵子税理士事務所

大塚　直子（おおつか　なおこ）第Ⅳ章担当
　　1993年　税理士登録
　　大塚直子税理士事務所

税理士法人東京合同

　税務の相談内容は、その人の人生観の反映でもあり、問題の所在は一つとして同じではなく、結論も一律ではありません。
　そこで、私達は、お客様の多様なニーズにお応えするため弁護士や司法書士等のネットワークを最大限に活用し、また、特定の税法に特化することなく、法人・個人等の税務相談、そして事業承継など以下の業務を行っております。
- 税務に関する書類の作成、税務相談、税務調査等の税務代理
- 資産税を中心とした、タックスプランニング
- 給与計算等、企業の総務事務に関する援助、記帳代行
- コンピュータソフトの導入支援
- 租税に関する訴訟の補佐人　等

〒110-0016
東京都台東区台東4-26-9　東京合同ビル
TEL 03-5688-6021　　FAX 03-5688-6030

Q&Aでみる　企業承継対策と新相続税法

平成26年3月3日　初版発行

監修者　大野　正道
編集者　税理士法人東京合同
発行者　宮本　弘明
発行所　株式会社　財経詳報社
　　〒103-0013　東京都中央区日本橋人形町1-7-10
　　電　話　03（3661）5266（代）
　　ＦＡＸ　03（3661）5268
　　http://www.zaik.jp
　　振替口座　00170-8-26500

落丁・乱丁はお取り替えいたします。　　　印刷・製本　創栄図書印刷
©2014　　　　　　　　　　　　　　　　　　Printed in Japan 2014
ISBN 978-4-88177-400-7